"Que aunque era rico, Por causa de ustedes se hizo pobre,
Para que mediante su probreza ustedes llegaran a ser ricos."

2 Corintios 8:9

CRISTO ELIGIÓ UN ESTABLO PARA IDENTIFICARSE
CON EL MÁS POBRE DE NOSOTROS, CON LOS AFLIGIDOS
Y CON LOS VULNERABLES. ÉL NO BUSCÓ LAS COMODIDADES
NI LA PROTECCIÓN DEL MUNDO. JESÚS VINO EXPUESTO
DESDE EL PRIMER MOMENTO A TODOS LOS PELIGROS
Y AMENAZAS QUE EL MUNDO NOS PRESENTA Y ASÍ
PERMANECIÓ HASTA QUE LLEGÓ A LA CRUZ DEL CALVARIO.
ÉL ELIGIÓ LO PEOR PARA QUE TÚ GOCES DE LO MEJOR. ÉL
INGRESÓ POR EL ESTABLO PARA QUE TÚ PUEDAS ACCEDER AL
PALACIO CELESTIAL POR TODA LA ETERNIDAD.

_____

Presentado a

_____

Por

_____

Con motivo de

¿Por Qué
el nacimiento de JESÚS?

DAVID JEREMIAH

TYNDALE HOUSE PUBLISHERS, INC.
CAROL STREAM, ILLINOIS

Visite la apasionante página de Tyndale en Internet: www.tyndale.com

Visite el sitio de David Jeremiah: www.turningpointonline.org

Tyndale y la pluma del logotipo son marcas registradas de Tyndale House Publishers, Inc.

¿Por Qué el Nacimiento de JESÚS?

© 2006 por David P. Jeremiah. Todos los derechos reservados.

Fotografía de la cubierta © por Jaimie Trueblood. © MMVI New Line Productions, Inc. Todos los derechos reservados.

Diseño: Julie Chen

Edición del inglés: Kathryn S. Olson

Traducción al español: Adriana Powell y Omar Cabral

Edición del español: Mafi E. Novella

Publicado en asociación con Yates & Yates, LLP, Abogados y Asesores Legales. Orange, California.

Publicado en inglés en el 2006 como *Why the Nativity?* ISBN-10: 1-4143-1504-X; ISBN-13: 978-1-4143-1504-1

ISBN-13: 978-1-4143-1550-8
ISBN-10: 1-4143-1550-3

Impreso en los Estados Unidos de América

12 11 10 09 08 07 06

7 6 5 4 3 2 1

Dedicación

A mis ocho nietos: David Todd, Grace Anne, Bradley,

Alexandra, Lauren, Ryland, Makenna, and Noelle.

Que la verdadera historia de la Navidad permanezca

con ustedes todos y cada uno de sus días.

Índice

Reconocimientos

Aún después de cuarenta años de predicar el Evangelio sobre el milagro de la Encarnación, no deja de conmoverme el maravilloso regalo de vida eterna que Dios nos ofreció y el terrible precio con el que pagó nuestra salvación. La única respuesta significativa que podemos plantearnos frente a la magnitud de su amor es *¿por qué?* El concepto de este libro está basado en esa simple pregunta y surgió de nuestros amigos en Tyndale House. Gracias a Ron Beers, Mark Taylor, Ken Petersen, Karen Watson, Carol Traver y a todo el cuerpo editorial de Tyndale por compartir esa visión y por la supervisión del proyecto de este libro.

Gracias, también a mi equipo de investigación conformado por Robert Morgan y William Kruidenier; a sus sugerencias y comentarios.

Gracias a mi talentoso editor, escritor y amigo Rob Suggs por estar a disposición en un momento particularmente desafiante en su vida y carrera profesional.

Gracias a mi hijo, David Michael; Paul Joiner; Mary Cayot y Cathy Lord que formaron parte del equipo.

Gracias a mi asistente personal en 'Momento Decisivo', Diane Sutherland, quien organizó las labores de mi oficina según mi calendario de escritura para este libro y me mantuvo al día con las fechas de entrega.

El equipo de la Iglesia Comunitaria de Shadow Mountain merece agradecimiento especial por ofrecerme el tiempo y apoyo necesarios durante muchos de los desafíos que enfrenta este multifacético ministerio. Especial reconocimiento a Barbara Boucher, quien administra fielmente mi oficina en Shadow Mountain.

Otro sincero agradecimiento a mi amigo y agente, Sealy Yates.

Gracias muy especiales a mi esposa, Donna, sin la cual no podría haber realizado las tareas de este ministerio. Su apoyo incondicional y generoso respaldo me permiten mantenerme fiel al llamado de Dios para mi vida.

INTRODUCCIÓN

Estamos a comienzos de diciembre, volviendo a casa en automóvil después de un día agotador. Al detenernos en un semáforo de la avenida principal, algo nos invita a sonreír. El pueblo ha colocado sus luces decorativas a lo largo de la calle, que brillan en rojo y verde. La ventana de la farmacia luce un dulzón letrero de *Felices Fiestas* en letras hechas de barras de caramelo rojo y blanco. Completan la escena festiva varios árboles delicadamente decorados con guirnaldas de luces.

Navidad. A pesar de lo ajetreado de la estación, no podemos dejar de disfrutar de este acontecimiento que marca el paso de cada año. Nos recuerda esas viejas canciones que tanto nos gustaban. Visitamos a toda la familia y disfrutamos de las fiestas con nuestros amigos. Mientras nuestro mundo sigue su curso hacia un futuro completamente incierto, la Navidad nos conecta con el pasado, tal como la frazadita o la almohadita de la infancia nos daba la sensación de seguridad en nuestra niñez.

La luz del semáforo cambia a verde y doblamos hacia la avenida principal. El palacio de justicia está oscuro y vacío al finalizar el día de labores cívicas. Sin embargo, el parque de la entrada se encuentra iluminado. Al pasar frente a la estatua de la Primera Guerra Mundial, vemos que las luces resaltan un panel colorido con la representación de un pesebre casi de tamaño real. La escultura de una mujer joven vestida al estilo del antiguo Medio Oriente, está en pose inclinada para mirar a su bebé.

El niño duerme en un pequeño pesebre y a su alrededor hay varios animales de yeso: un burro, un par de ovejas y una vaca. El padre también se encuentra allí, acompañado de algunos personajes que parecen ser pastores y ricos funcionarios árabes, con regalos. Y sobre toda esta escena, vemos las figuras de algunos ángeles iluminados por reflectores, que parecen estar cantando.

A medida que nos acercamos, disminuimos la velocidad, anhelando abarcar todo el espectáculo. Desde luego, es una representación del pesebre. ¿Quién no reconocería a los personajes familiares de la historia navideña? Muchos de nosotros nos hemos vestido de pastores o de reyes sabios

> MIENTRAS NUESTRO MUNDO SIGUE SU CURSO HACIA UN FUTURO COMPLETAMENTE INCIERTO, LA NAVIDAD NOS CONECTA CON EL PASADO, TAL COMO LA FRAZADITA O LA ALMOHADITA DE LA INFANCIA NOS DABA LA SENSACIÓN DE SEGURIDAD EN NUESTRA NIÑEZ.

alguna vez, cuando participamos en las representaciones navideñas de nuestras escuelas e iglesias.

Pero un pensamiento fugaz nos hace darle una segunda mirada a la exposición. ¿No publicó algo el diario acerca de esta representación navideña? Sí, ahora lo recordamos. Algunos ciudadanos locales han protestado por la decoración. Opinan que no debería colocarse imágenes religiosas en propiedades del gobierno. La oposición, por supuesto, conformada por algunos clérigos y comerciantes, sostiene que es una tradición de la ciudad y que esta pacífica representación no había ofendido a nadie hasta el momento.

Existe también una especie de discusión acerca de si las tiendas pueden tener árboles de navidad o si deberían llamarlos "árboles festivos". Ahora que lo pensamos, parece que hay emociones controversiales alrededor de este asunto de la Navidad y de la historia del nacimiento de Jesús. ¿Qué podría haber de polémico en María, José y su bebé? Para mucha gente, ellos no son más que simples símbolos; rezagos de una educación religiosa adquirida en la infancia, figuras en una tarjeta navideña remitida por un viejo amigo. ¿Por qué la Navidad?

Impulsivamente, estacionamos el auto en un parquímetro y salimos al aire frío. Caminamos sobre el césped a la entrada del palacio de justicia y reflexionamos cuidadosamente sobre las imágenes ante nosotros. Por primera vez, nos surgen ciertas preguntas. ¿Por qué este niño nació en un pesebre? ¿Por qué estaban allí los pastores, los ángeles y los reyes sabios? ¿Por qué fue elegida María para convertirse en una de las figuras más famosas y amadas de la historia? ¿Y qué decir de José?

Sobre todo, existen interrogantes acerca del pequeño

Niño en el centro mismo de la escena. Su nacimiento se produjo... ¿hace dos mil años? Sabemos que su nombre era Jesús y que fue un hombre pobre. Quizás podemos recordar haber leído en algún momento un corto ensayo sobre él indicando que jamás viajó fuera de su país, que nunca tuvo un puesto gubernamental o familia y que tampoco escribió un libro. Sin embargo, el autor del ensayo generalmente agregaba que todos los ejércitos, todas las fuerzas navales y todos los reyes de la historia jamás influyeron tanto en el mundo como lo hizo esta "solitaria vida".

¿Es esto cierto? Y de ser así, *¿por qué?*

En este pequeño libro procuraremos encontrar las respuestas. Solamente requerirá hacer lo que hicieron los pastores, los sabios, incluyendo a María y a José. Necesitaremos viajar a Belén. Aunque han pasado muchísimos años y el pesebre ya no está; a través de la niebla del tiempo, tenemos que concentrar nuestra atención en ese Niño a quien los pastores adoraron. Es necesario dar respuesta a todas las preguntas que se nos ocurran acerca de este acontecimiento histórico, tan valioso para tanta gente.

Habiendo considerado las preguntas sobre el hecho mismo nos quedará, entonces, una última cuestión: *¿Por qué debería importarnos?* ¿Qué significa Jesús para nosotros? ¿Podemos exhibir en nuestras vidas la belleza y la verdad de la Navidad tal como la representación navideña en el parque del palacio de justicia? ¿O se trata simplemente de otro acontecimiento histórico, de otra antigua superstición, del vestigio de un cuento de hadas de la infancia? Preparémonos para responder a tales preguntas, encontrando respuestas sinceras y contundentes.

Este viaje nos llevará a un lugar y a un momento lejano

en el tiempo que de otro modo tal vez habríamos olvidado. Necesitaremos saber un poco más acerca de la nación en la que vivió Jesús y de los romanos que ocupaban Israel. Aprenderemos también un poco más sobre los pastores y sobre esos enigmáticos reyes sabios.

Retrocedamos dos mil años hasta el punto divisorio de la historia. El escenario es un pueblito en el tranquilo paisaje de Judea. Hay rumores sobre el acontecimiento de un milagro durante la noche. ¿Estás listo para investigar?

Los pastores dijeron: "Vamos a Belén, a ver esto que ha pasado y que el Señor nos ha dado a conocer" (Lucas 2:15). Considera esto como tu invitación a un viaje extraordinario hacia un momento asombroso, en los lejanos días del Imperio Romano. ¿Estás listo para viajar?

¿POR QUÉ LAS PROFECÍAS?

El tiempo es un misterio. Vivimos sumergidos en el tiempo día a día. Mientras el tiempo transcurre, es imposible imaginar la vida fuera de él o mirar dentro de él. El tiempo marcha junto con nosotros, momento a momento y año tras año. El tiempo deja en nosotros su marca, más de lo que nosotros podemos marcarlo a él.

Imagínate de pie a varios kilómetros de una gran cadena montañosa. Admiras el majestuoso paisaje desde su base hasta la cumbre, desde un extremo al otro. Pero si no existiera la separación, si estuvieras parado sobre una de las montañas, verías solamente el paisaje que te rodea.

Dios nos observa desde afuera de esta cadena montañosa que es el tiempo. Él ve pasado, presente y futuro en línea ininterrumpida. Mientras que nosotros —viajeros a través de esta vida, saltando de una colina a otra— carecemos de su perspectiva; excepto los hombres y las mujeres conocidos como profetas.

Dios nos provee con muchos dones sorprendentes. A algunos les da sabiduría sobreabundante; a otros, un corazón sumamente amoroso. Algunos han recibido visión para percibir ciertas formas en las nieblas del futuro. Las personas que han recibido tal don, han sido siempre obedientes a Dios y a sus propósitos. ¿Por qué les permitiría Dios ver el futuro? Porque nos ama y quiere que sepamos lo que nos espera más adelante, ya sea para darnos ánimo, o como sensata advertencia. De hecho, la misión principal de un profeta no es la de predecir sino la de predicar. Un profeta habla más del presente que del futuro.

Aún así, los profetas del Antiguo Testamento frecuentemente mencionaban a un futuro defensor. Cada página, desde el Génesis hasta Malaquías, parece palpitar ante la maravillosa anticipación de su llegada. Estos libros fueron escritos por muchas personas en diferentes momentos a lo largo de los siglos. Lo que entrelazaba a esos lectores y escritores era la identidad de ser un pueblo especial al que Dios verdaderamente apreciaba. A través de una pequeña nación en particular, llamada Israel, el plan de Dios fue dar a conocer su amor para todo el mundo.

Sin embargo, aquella nación experimentó tiempos de gran aflicción y de desesperación. Debido a que los israelitas ocupaban una de las zonas más disputadas del mundo, con frecuencia sufrían los ataques de tribus e imperios: los filisteos, los babilonios, y por último, los romanos. Sus murallas, sus casas y su Templo fueron construidos, destruidos por sus enemigos y vueltos a construir.

Finalmente, Israel se convirtió en una nación moribunda, llena de confusión y de dudas. Es en este escenario que se inicia la gran época de los profetas. Parte del pueblo judío había sido exiliado en esclavitud. Muchos de ellos habían perdido su sentido de identidad nacional durante el exilio. Muchos se volvieron cínicos, infieles y amargados. Todos añoraban los gloriosos días de los reyes David y Salomón. Fue entonces que los profetas —hombres como Isaías, Jeremías y Miqueas— alentaron a la gente a mantener la fe. Su mensaje era: *Esperen otro rey. Él será el más grande de todos, y acabará con nuestra lucha para siempre.*

En el momento preciso en que su pueblo necesitaba esperanza, Dios envió portavoces para ofrecer un anticipo de un futuro mejor. A través de las palabras y la labor de los profetas, se vislumbraba la tenue luz de un salvador, un rey que rescataría a su pueblo y lo restauraría para Dios. De hecho, más de trescientas profecías en las escrituras hebreas hablan acerca del "Mesías" prometido, tal como ellos lo llaman.

Los indicios eran tentadores. Isaías dijo que este libertador singular nacería de una virgen (Isaías 7:14). ¿Qué clase de hombre sería?

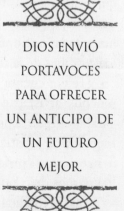

DIOS ENVIÓ PORTAVOCES PARA OFRECER UN ANTICIPO DE UN FUTURO MEJOR.

Miqueas también comunicó una predicción específica y asombrosa. Dijo que el rey nacería en el pueblo de Belén. Esa profecía dice: "Pero de ti, Belén Efrata, pequeña entre los clanes de Judá, saldrá el que gobernará a Israel; sus orígenes se remontan hasta la antigüedad" (Miqueas 5:2). Nuevamente, estaba claro que el Mesías sería uno que no estaba confinado por los límites del tiempo. Él venía desde "la antigüedad".

Hay referencias a los ministerios de enseñar, sanar y hacer milagros. Este sería un hombre que gozaría de la aceptación pública, pero finalmente sería "despreciado y rechazado por los hombres, varón de dolores, hecho para el sufrimiento" (Isaías 53:3). Hay sorprendentes referencias sobre la crucifixión por parte de un escritor que jamás había presenciado una (Salmos 22).

Isaías concluiría: "Él fue traspasado por nuestras rebeliones, y molido por nuestras iniquidades; sobre él recayó el castigo, precio de nuestra paz, y gracias a sus heridas fuimos sanados" (Isaías 53:5). El pueblo de Israel podía esperar un tiempo mejor, incluyendo el perdón del Dios al que ellos habían abandonado. El futuro rey demostraría que Dios nunca los había abandonado *a ellos*.

Lo más sorprendente de todo era la misión del Mesías por venir. Dios dijo: "No es gran cosa que seas mi siervo, ni que restaures a las tribus de Jacob, ni que hagas volver a los de Israel, a quienes he preservado. Yo te pongo ahora como luz para las naciones, a fin de que lleves mi salvación hasta los confines de la tierra" (Isaías 49:6).

¿Te das cuenta del panorama que emerge? Es como si muchos artistas diferentes hubieran dibujado extraños garabatos por separado, para descubrir que cuando sus fragmentos artísticos fueron combinados en un mismo lienzo, estos conformaron un bello retrato del rey que habríamos de conocer con el nombre de Jesucristo.

Casi la totalidad de las más de trescientas profecías ya se han cumplido, quedando algunas pocas para el futuro. Jesús fue todo lo que se había predicho sobre Él y muchísimo más. Un matemático confirmó que las probabilidades de que se cumplieran en una misma persona tan sólo sesenta profecías específicas, son de 1 en 1 seguido de 157 ceros.

¿Por qué las profecías? Ellas nos muestran que aún cuando Jesús fue un ser humano como nosotros, también era aquel cuyos "orígenes se remontan hasta la antigüedad". Al leer las profecías, vemos toda la cadena montañosa de un vistazo que nos deja sin aliento; contemplamos un Dios majestuoso que cumple sus propósitos a través del tiempo, de manera paciente pero fidedigna, hasta en el más mínimo detalle. Sabemos que es un Dios en el que podemos confiar y un Mesías que satisface los anhelos más profundos de nuestro corazón.

Preguntas para reflexionar

- ◎ ¿Saber que el nacimiento de Jesús cumplió las profecías hechas con siglos de anticipación, afecta tu vida? ¿De qué manera?

- ◎ ¿Cuál de las seis profecías mencionadas en este capítulo te parece la más sorprendente? ¿Por qué?

Para estudio adicional: Lee los siguientes pares de versículos bíblicos a fin de descubrir más profecías cumplidas sobre la primera venida de Jesús: Isaías 9:7 y Lucas 1:32-33; Isaías 53:12 y Mateo 27:38; Zacarías 6:13 y Hebreos 7:24-25.

¿POR QUÉ DIOS SE HIZO HOMBRE?

*E*n el principio, estaba Dios. Y siendo Dios, Él creó.

Las creaciones de Dios fueron magníficas. Él hizo un universo de dimensiones ilimitadas, poblado de estrellas y de galaxias. Su tamaño armonizaba con su vasta complejidad, en la intrincada danza del átomo y la molécula. La magnitud de su arte, su color, su sonido, su silencio, reflejaban el valor de su poder y de su amor.

Sin embargo, Dios concibió algo más que mundos, por eso Él creó *vida*. Se ocupó de su mundo especial, la tierra, llenándola de plantas y de animales, enormes y microscópicos: un reino de criaturas que se mueven, respiran y hasta razonan, en extravagante variedad. Había árboles altísimos llenos de nidos, los cuales reinaron durante veinte siglos, decorados de cachipollas que nacían y morían en el mismo día.

Pero Dios deseaba algo más que vida; deseaba *amistad*, así que creó a la humanidad. Esta sería su creación suprema:

una manifestación de vida que reflejaría su propio ser. Las rocas y los árboles, las estrellas y las ballenas, todo eso era maravilloso, pero no eran sus hijos. Los hombres y las mujeres, tal como él los hizo, serían la familia íntima de un Dios infinito, aunque fueran de carne y hueso. Era una idea extravagante la de esta comunión: el Espíritu perfecto e infinito que era el Señor de todo, y la criatura diminuta y limitada que se autodenomina humanidad.

Sin embargo, hubo amor entre ellos hasta que los hijos de la tierra tropezaron. Eso es una historia para otro día, pero la verdad es que los hijos de Dios escogieron la desobediencia y huyeron de su presencia avergonzados. Otro nombre para la desobediencia fue *pecado*, y esto se transformó en una barrera imposible de superar entre el Creador y sus criaturas. Los hombres y las mujeres conocían a Dios como uno consideraría a un tío lejano al que nunca ha visto personalmente.

En ciertos momentos, los hijos de la tierra se daban cuenta de cuán distinta podría ser la vida. Un poeta vio el hermoso mundo a su alrededor y reflexionó:

> *Cuando contemplo tus cielos, obra de tus dedos, la luna y las estrellas que allí fijaste, me pregunto: "¿Qué es el hombre, para que en él pienses? ¿Qué es el ser humano, para que lo tomes en cuenta?" Pues lo hiciste un poco menos que un dios, y lo coronaste de gloria y de honra. (Salmos 8:3-5)*

El abismo entre el Creador eterno y sus diminutas y limitadas criaturas era demasiado grande. Como consecuencia, muchos lo ignoraron por completo. Los mejores y más obedientes se esforzaban valientemente por complacerlo, pero la terca rebeldía humana condenó al fracaso cualquier esfuerzo.

Los hijos eran conscientes de su debilidad. Sabían que estaban perdidos y añoraban a su Padre, a quien los impulsaban todos sus instintos. En sus momentos más sensatos, se daban cuenta de que, a pesar de todo el mal que habían hecho, su distante Padre los amaba con un amor eterno. De todas maneras, era una nostalgia vana, pues la separación permanecía. Él era puro y ellos estaban manchados. ¿Cómo podían siquiera aspirar a la perfección que los haría nuevamente dignos de él? Era como tratar de construir una escalera para llegar a la luna.

Si los hijos sentían su pérdida con tanta amargura, ¿cuánto más intenso sería el dolor en el corazón del Padre? Era tan grande como lo profundo de su amor. Como para cualquier padre, sus hijos eran su mayor alegría. Le habían fallado una y otra vez, todos ellos, día a día; sin embargo, su cariño por ellos no había disminuido. Amaba perfectamente a cada uno, sin límites, como si ese pequeñito fuera su único hijo.

ÉL HABÍA ENVIADO A LOS PROFETAS MUCHAS VECES, PERO AHORA HARÍA ALGO TODAVÍA MÁS SORPRENDENTE. DEJARÍA SU TRONO CELESTIAL PARA CAMINAR ENTRE LOS HOMBRES, COMO UN REY ENCUBIERTO, EL SEÑOR DEL UNIVERSO EN PROPORCIONES HUMANAS, EL CREADOR ENTRE SUS CRIATURAS.

El Padre los anheló, a través de los siglos y del nacimiento y la caída de las civilizaciones, sin dejar jamás de extender sus manos a su pródiga familia. Lo hizo de todas las maneras posibles: mediante las glorias de su creación, a través de los incalculables dones que les dio, mediante las palabras de los profetas y los maestros. Envió a sus siervos con incontables mensajes, repitiendo lo mismo de diez mil maneras distintas: "¡Vengan a casa! ¡Regresen a casa! Los amo ahora y para siempre."

El gran problema debía tener una solución. La primera tarea era hacer regresar los hijos hacia el Padre. ¿Cómo podría la carne impura conocer al Espíritu puro? Debía existir una manera para que el hombre supiera cómo es Dios y, por lo tanto, se diera cuenta de cómo podría ser la vida. Desde luego, la totalidad del concepto era superior a la capacidad del entendimiento humano. Por ejemplo, ellos nunca podrían comprender la naturaleza del cielo. Para hacerlo, tendrían que traspasar sus puertas, y en su condición humana contaminada, no podrían lograrlo.

Sin embargo, el cielo podría venir a ellos.

El cielo nunca podría ser volcado en ese recipiente impuro que era la tierra. Pero había una alternativa: Dios mismo podía hacer el viaje. ¡Él, en persona, podía verter su divinidad en carne y sangre y visitar el mundo! Podría caminar entre las personas como un ser humano completo en todos los sentidos, siendo a la vez enteramente divino. Él había enviado a los profetas muchas veces, pero ahora haría algo todavía más sorprendente. Dejaría su trono celestial para caminar entre los hombres, como un Rey encubierto, el Señor del universo en proporciones humanas, el Creador entre sus criaturas.

Entonces, la naturaleza de Dios sería visible para todo el mundo. La gente en la tierra podría ver cómo era Dios. Contemplarían su amor y fidelidad perfectos, su ilimitada devoción aún para con los enfermos, los pequeños o los de corazón entenebrecido. Conocerían las cosas que le importaban a Él. Y en esa encarnación, ellos podrían ver un modelo perfecto de cómo podía ser realmente la vida.

Todo esto era necesario para que Dios y la humanidad pudieran reconciliarse alguna vez. Por lo tanto, el Señor del universo se trasladó a este mundo.

Ingresó a nuestro planeta a través de una entrada llamada Belén, y el mundo cambió para siempre.

Y el Verbo se hizo hombre y habitó entre nosotros. Y hemos contemplado su gloria, la gloria que corresponde al Hijo unigénito del Padre, lleno de gracia y de verdad. (Juan 1:14)

Preguntas para reflexionar

- Si fueras Dios, ¿habrías escogido el mismo método para alcanzar a la humanidad? ¿Por qué sí? o ¿Por qué no?

- ¿Qué medios utilizó Dios para revelarse a la humanidad antes de enviar a su Hijo?

Para estudio adicional: ¿Cómo puede relacionarse la gente con el Dios del universo? Lee estos versículos para conocer el plan de Dios para ti: Juan 3:16; Romanos 3:23; Romanos 6:23 y Romanos 10:9, 13.

Pregunta 3

¿POR QUÉ
MARÍA?

El pueblo de Nazaret era un pueblo común y corriente. Era un pueblo más entre los que conformaban cualquiera de las demás aldeas en la llanura de Galilea. ¿*Común?* Es la palabra apropiada para este pueblo en particular.

Nadie alardeaba de ser nazareno precisamente. Eran menos de dos mil las personas que lo consideraban su hogar. Los romanos mantenían allí un cuartel regional; por lo cual era considerado, por la mayoría de judíos, como un lugar casi inmundo. Y cuando el pueblo produjo una celebridad menor, un nuevo maestro reconocido, el pueblo natal se volvió en su contra. Por ejemplo: "¡De Nazaret!" —exclamó Natanael—. "¿Acaso de allí puede salir algo bueno?" (Juan 1:46). Sin embargo, Natanael fue, luego, un seguidor del maestro.

Nazaret era parte del territorio judío, ocupado por los romanos, e influenciado por la cultura griega. No era más que un pueblo tranquilo donde los hombres se ocupaban de sus labores cotidianas y las mujeres de sus tareas domésticas. Si buscabas emoción, tenías que caminar unos seis kilómetros hacia el norte, a Séforis. *Esa* era una ciudad, un lugar *moderno* que se mantenía al tanto de las últimas novedades de la cultura griega.

¿Visitaría María alguna vez Séforis? ¿Deseó ella, quizás, una vida más emocionante? No tenemos la certeza. Parece haber sido la típica jovencita, de un típico pueblito galileo, poco antes de que comenzara el siglo primero. Eso presuponía una vida tranquila de provechoso servicio a su familia y a la comunidad. ¿Cómo hubiera podido imaginar María la vida que tendría por delante? ¿Qué habría pensado de la carga divina que le tocaría llevar, las glorias que contemplaría, y la pérdida que experimentaría?

EN AQUEL GRAN DÍA, MARÍA, SIN DUDA, SE DEDICÓ A LA TERRENAL TAREA DE MOLER EL GRANO PARA PREPARAR HARINA PARA EL PAN DE LA JORNADA.

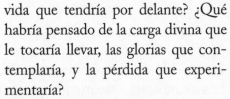

En aquel gran día, María, sin duda, se dedicó a la terrenal tarea de moler el grano para preparar harina para el pan de la jornada. ¿Le pediría a su hermanito o a su hermana que le trajeran ramas y maderas para el horno? ¿ Estaría atareada ordenando los cuartos la casa, aseándolos y acarreando jarros con agua?

Estas son buenas conjeturas, pero podemos estar seguros de que un tema dominó su imaginación. ¿Qué muchachita, de cualquier época o lugar, no estaría preocupada con la cercanía de su propia boda?

El mayor deseo de cualquier jovencita estaba a punto

de realizarse en la vida de María. Estaría pensando en su amado carpintero. Tal vez de niños, ella y José habrían jugado juntos en el campo. Ahora habían crecido y estaban preparados para comenzar la vida adulta. Tanto los padres de ella, como los de José, habían acordado un matrimonio que no solamente uniría a los dos jóvenes, sino también a ambas familias. La pareja estaba comprometida en matrimonio, la forma de compromiso más firme. Legalmente, esto quería decir que María ya era la esposa de José, aunque no pudieran estar juntos hasta después de la boda.

Lo que María tenía por delante era un torbellino de felices preparativos; quizás, el momento más feliz de la vida de una muchacha. Habría un intercambio de regalos entre las familias, la alegría y el disfrute de la ceremonia, la oportunidad de usar joyas y ropas elegantes, y finalmente, por supuesto, ella debería dejar su hogar: un momento feliz y triste a la vez. Una jovencita judía debía vivir con la familia del novio y en esa casa, ambos comenzarían su propia vida familiar.

Una expectativa como esa daba brío a sus pasos. María se habrá dirigido hacia sus obligaciones con un corazón feliz. Estos eran sus últimos días de soltera.

Y entonces, en medio de la rutina y los preparativos, un instante sobrenatural alteró la normalidad de su vida. Un ángel se paró frente a ella, como relata el primer capítulo del evangelio de Lucas. ¿Por qué pasó esto? Tal vez María estaba arrodillada junto a su cama, haciendo sus plegarias, al comienzo o al final del día. ¡Qué estremecedor debe haber sido el arribo del mensajero celestial!

"¡Te saludo, tú que has recibido el favor de Dios! El Señor está contigo" dijo Gabriel, pues se trataba de ese ángel, uno de los más grandes al servicio de Dios. Al ver el terror de la muchacha, le aseguró que no había motivo para tener miedo, porque la noticia que él traía era maravillosa. Dios había decidido bendecirla. Ella tendría un hijo al que debía llamar Jesús. Él sería el Hijo del Altísimo, y reinaría sobre su pueblo para siempre.

EN SU INFANCIA, EL HIJO DIO SUS PRIMEROS PASOS DETRÁS DE ELLA. LUEGO, A SU TIEMPO, FUE SU SEGUIDORA EN TODO SU CAMINO HACIA LA CRUZ Y LA TUMBA.

Es difícil poder asimilar rápidamente un mensaje tan poderoso como éste. María, obviamente, pensó más en los elementos naturales que en los eternos. Quiso saber cómo una virgen podía quedar embarazada. Gabriel le explicó con paciencia que el Espíritu Santo vendría sobre ella y quedaría embarazada milagrosamente, y que ese niño sería el Hijo de Dios.

Ten en cuenta el cambio que sucedió en la vida de María. De pensar en el matrimonio, pasó a pensar en la maternidad, y la idea de una vida tranquila y común cambió por la anticipación de estar en el centro de un milagro celestial de características espectaculares. ¡Con razón Dios envió al mismísimo Gabriel para ayudarla a comprender y a prepararse!

¿Por qué María? Ella misma debe haberse preguntado: "¿*Por qué he recibido el favor de Dios? ¿Por qué a mí?*" En verdad, sólo Dios conoce las razones por la que fue escogida. Pero está claro que no fue seleccionada al azar. Aunque fuera una chica común y pueblerina, debía ser dócil y valiente. Y lo fue. A través de su canción (Lucas 1:46-55), sabemos que ella era una mujer que conocía las Escrituras, una mujer de fe. Debía ser una virgen, para que la gloria de Dios pudiera ser demostrada milagrosamente. Y debía ser una campesina, de acuerdo con la naturaleza humilde del nacimiento del Señor.

María era todas esas cosas. Honró y obedeció la voluntad de su Padre, brindándole a su único Hijo un hogar del cual pudiera surgir para presentar al mundo la obra que cambiaría la historia de la humanidad. En su infancia, el Hijo dio sus primeros pasos detrás de ella. Luego, a su tiempo, fue su seguidora en todo su camino hacia la cruz y la tumba.

María fue bendecida por Dios para una tarea que finalmente nos bendeciría a todos. Gabriel dijo: "El Señor está contigo"; y, como consecuencia, el Señor está con todos nosotros. De esa manera, Dios envió el mejor regalo de Navidad no sólo para ella, sino para todos nosotros, y fue María la que entregó el paquete.

Preguntas para reflexionar

- ∽ Como toda mujer judía, María conocía seguramente la profecía de Isaías 7:14. ¿Por qué piensas que, a pesar de ello, estaba tan sorprendida cuando Gabriel la visitó?

- ∽ Cuando lees la Biblia, ¿rápidamente crees y aceptas su mensaje, como María, o lo cuestionas y desestimas? ¿Por qué?

Para estudio adicional: Según los siguientes versículos, ¿qué condiciones debía tener María para ser la madre de Jesús? Lucas 1:27; Lucas 1:28, 30; Lucas 1:38 y Lucas 1:47.

¿POR QUÉ EL CÁNTICO DE MARÍA?

*I*magina por un instante que acabas de recibir la mejor noticia de tu vida; una distinción personal que jamás hubieras esperado, ni en el más loco de tus sueños.

¿Cómo responderías? ¿Qué harías? ¿Qué dirías?

María, como una simple campesina, estaba esperando el mejor día de su vida, el de su ceremonia de casamiento. Entonces, sin previo aviso, sin preparación alguna, se encontró mirando directamente a los ojos de un ángel. ¿Qué noticia le trajo Gabriel?

Le dijo que ella gozaba del favor de Dios y que Él estaba con ella. Era un tiempo en el que los hijos de Dios sentían que el Señor había caído en el mutismo. Parecía que ya no había más profetas prestigiosos y se les había permitido a los romanos conquistar Judea. Escuchar que Dios estaba "presente" era una noticia extraordinaria.

Entonces Gabriel comunicó el anuncio más sorprendente: Esta presencia de Dios produciría el nacimiento de un niño que sería su propio Hijo. Eso sucedería a pesar de que María seguiría siendo virgen. Mientras tanto, ocurría un milagro emparentado: Elisabet, la prima de María, ya casi anciana y sin hijos, daría a luz un vástago de su esposo. El ángel se lo reveló todo.

A la mayoría de nosotros nos habría invadido un inmediato arranque de orgullosa felicidad. ¡Quizás habríamos reflexionado en todas las cualidades superiores que poseíamos y llegado a la conclusión de que la elección de Dios era acertada! Es propio de la naturaleza humana. Pero María se limitó a obedecer y a expresar: "Aquí tienes a la sierva del Señor. Que él haga conmigo como me has dicho" (Lucas 1:38).

Deben haber pasado varios días hasta que María entendió esta conmovedora noticia, pues tal como lo describe Lucas, "a los pocos días" hizo algo por su cuenta. En ese momento, María hizo lo que era sensato: corrió junto a su prima y futura madre como ella. Elisabet vivía lejos, como a cinco días de viaje, probablemente en las colinas que rodeaban a Jerusalén.

Cuando vio llegar a María, Elisabet gritó con una expresión de alegría que demostraba que comprendía los hechos de Dios. María, que había esperado varios días para compartir las sorprendentes novedades de su vida, expresó un poco de su propia alegría. Y aprendemos mucho sobre María por la forma que le dio a esa alegría.

Elevó su voz en una canción de alabanza a un Dios maravilloso. Ese cántico ha sido recordado a lo largo de la historia como el *Magnificat*, que quiere decir "Se magnifica". En las primeras traducciones de la Biblia, las palabras originales de María fueron traducidas "Mi alma magnifica al Señor". Y eso fue lo que hizo. Cuando magnificamos, agrandamos o expandimos algo. María estaba encantada de estar en presencia de su prima, quien era como una hermana para ella; pero dedicó ese momento de su reencuentro a dar gloria a Dios.

Al leer las palabras de María nos preguntamos como una persona común y corriente fue capaz de producir espontáneamente una poesía semejante. Pero aquí hay un secreto: María estaba citando salmos amados que podemos encontrar en el Antiguo Testamento. Es evidente que los atesoraba en su corazón. Además, su cántico de alabanza está claramente inspirado en el de Ana, otra madre milagrosa de la heredad judía (Ver 1 Samuel 2:1-10). Samuel, el hijo de Ana, había llegado a ser uno de los más grandes profetas de Israel.

Esta canción también nos sugiere que María reflexionó sobre los grandes personajes de la historia bíblica. Ana pudo haber sido su heroína, una mujer que dedicó al Señor su hijo aún no nacido y luego obedientemente se lo entregó al sacerdote del Templo. ¡Qué sacrificio! Llegaría el momento en que María encontraría a su propio hijo en el Templo, y comprendería lo difícil que es para una madre entregar su hijo a Dios sin reservas. En ese momento, Dios estaba fortaleciendo a la joven mujer a la cual confiaría a su único

AL LEER LAS PALABRAS DE MARÍA NOS PREGUNTAMOS COMO UNA PERSONA COMÚN Y CORRIENTE FUE CAPAZ DE PRODUCIR ESPONTÁNEA-MENTE UNA POESÍA SEMEJANTE.

Hijo. Desde ese momento, Él estaba preparándola para las pruebas y experiencias que vendrían luego.

A la mayoría de nosotros nos gustaría haber conocido a María. Desearíamos saber más de sus pensamientos íntimos. Sin embargo, ella nos habla más de su Señor que de sí misma. El *Magnificat* ofrece un maravilloso boceto de nuestro amoroso Padre.

ELLA MUESTRA TODOS LOS SIGNOS DE QUIEN HA PASADO UN GENEROSO TIEMPO CON EL DIOS QUE TRANSFORMA A TODOS AQUELLOS QUE SE ENCUENTRAN CON ÉL.

Por ejemplo, compara la grandeza de Dios con su propia pequeñez: "Porque se ha dignado fijarse en su humilde sierva" (Lucas 1:48).

Ella es consciente de la perspectiva más amplia de la obra de Dios a través de la historia: "De generación en generación se extiende su misericordia a los que le temen" (Lucas 1:50).

Anticipa los temas que su hijo expondría tres décadas más tarde: "De sus tronos derrocó a los poderosos, mientras que ha exaltado a los humildes" (Lucas 1:52). Alaba a Dios por su fidelidad y su misericordia: "Acudió en ayuda de su siervo Israel y . . . mostró su misericordia . . . " (Lucas 1:54).

Es coherente que sus últimas palabras fueran "para siempre" (Lucas 1:55). Como tantos otros Salmos, el Cántico de María se eleva por encima de las limitaciones del tiempo y del espacio. Su Padre celestial no sólo es el Señor de su mundo, sino de todo el mundo; es Señor no sólo de su tiempo, sino de toda la historia de la humanidad. Ella muestra todos los signos de quien ha pasado un generoso tiempo con el Dios que transforma a todos aquellos que se encuentran con Él.

¿Por qué el Cántico de María? Es fácil imaginar el viaje de María para estar con una buena amiga que estaba esperando un hijo milagroso. En el agotador viaje, probablemente en la seguridad de una caravana, María tuvo tiempo de meditar en la bondad de Dios y en el estupendo rol que él había elegido otorgarle en la historia. Ella debió haber pasado una buena cantidad de tiempo en oración y debió haber buscado en su memoria cada salmo de alabanza que había allí. Al comienzo de un viaje sorprendente . . . uno que ninguna otra mujer había realizado, el enfoque de María estaba en el lugar correcto. Ella sabía, y lo expresó a través de su canción, que los recursos de Dios son ilimitados. Su fuerza hace posibles todas las cosas, y su amor hace que sea un placer soportar cualquier carga.

Preguntas para reflexionar

- ∾ Si compusieras una canción de alabanza a Dios, ¿qué le dirías?

- ∾ ¿Cómo respondes cuando recibes una alabanza inesperada o una oportunidad que te emociona y al mismo tiempo te asusta?

Para estudio adicional: Compara 1 Samuel 2:1-10 con el Cántico de Alabanza de María.

¿POR QUÉ JOSÉ?

La mayoría de los hechos acerca de la Navidad han llegado a nosotros a través de la habilidad de dos hombres: Lucas y Mateo. Estos escritores quisieron dejar testimonio de la maravillosa historia de cómo Jesús llegó a nuestro mundo. Imagina lo que se habría perdido para nuestra comprensión y apreciación si nadie hubiera preservado los extraordinarios acontecimientos de Belén, de los pastores y de los reyes sabios, de las posadas y del establo.

Sin los relatos de los primeros años de la vida de Jesús, no sabríamos casi nada de José, el apacible padre adoptivo que protegió la infancia del Salvador del mundo. Desde luego, el Señor no quiso que perdiéramos estos detalles. Por eso envió a estos dos hombres de diferentes trasfondos y con objetivos diferentes en sus relatos.

Lucas, el médico, quería escribir "un relato cuidadoso" (Ver Lucas 1:3) de la vida de Jesús y el nacimiento de la iglesia. Él escribió este trabajo en dos libros, Lucas y Los

Hechos, para el mundo griego. Lucas mostró un interés especial en las mujeres que hubo en la vida de Jesús. Es evidente que al leer la narración de la Navidad en su Evangelio, estamos escuchando los recuerdos de María.

Mateo, por otro lado, hizo énfasis en la historia judía, particularmente de la manera en que Jesús cumplió las antiguas profecías. Era natural que buscara el testimonio de José, el patriarca de la familia, porque los judíos eran un pueblo patriarcal. También somos afortunados de que Mateo haya registrado este precioso recuerdo, porque aparentemente José murió pocos años después. Cuanto sea que haya vivido, su vida estuvo dedicada al inestimable servicio a Dios y a la historia humana. Él es el "hombre olvidado" de la más grande historia jamás contada, y nos es de provecho tomarnos un momento para recordarlo.

José era un carpintero y, como tal, muy probablemente, era un hombre sencillo y práctico. Le gustaría la textura de la madera y de la piedra, el placer de construir algo fuerte y útil. Podemos suponer que, como en el caso de María, se imaginó una vida disciplinada y común. Se dedicaría a su oficio, mantendría su buen nombre en la comunidad, asistiría a la sinagoga y construiría su familia.

Seguramente, la vida de José avanzaba en esa dirección mientras se preparaba para su boda. En la cultura judía, a diferencia de la nuestra, el novio era el centro de la atención durante la boda. José debe

JOSÉ ERA UN CARPINTERO Y, COMO TAL, MUY PROBABLEMENTE, ERA UN HOMBRE SENCILLO Y PRÁCTICO.

haber ansiado la boda y la vida sencilla que le esperaba: llevar a María a su hogar y tener hijos. El carpintero estaba dándole forma a una vida bien construida.

Y entonces tuvo ese sueño.

Es extraordinario que se le presentaran cuatro sueños sobrenaturales. El primero llegó en un momento de ira y humillación. Impactado y confundido, José se había dado cuenta del embarazo de su prometida. Se suponía que María era virgen, y el hecho de estar embarazada antes de casarse sería un escándalo público. Todos supondrían erróneamente que José era el padre. Sin embargo, Mateo nos relata que la intención de José fue romper discretamente el compromiso; una respuesta razonable y compasiva en medio de una crisis como esa. Él era alguien práctico, pero también era sensible.

Sin embargo, en un sueño, un ángel le ordenó que le fuera fiel a María: "José, hijo de David," dijo el ángel, "no temas recibir a María por esposa, porque ella ha concebido por obra del Espíritu Santo. Dará a luz un hijo, y le pondrás por nombre Jesús, porque él salvará a su pueblo de sus pecados" (Mateo 1:20-21).

Mateo relata, en el siguiente versículo, que eso sucedió para "que se cumpliera lo que el Señor había dicho por medio del profeta". Pero José no estaba acostumbrado a meditar en los antiguos y polvorientos pergaminos. Imagina lo difícil que era para él aceptar la situación completamente nueva a la que Dios lo había enfrentado. No sólo había visto un ángel, sino que lo había visto en un *sueño*. Un carpintero entiende lo que puede tocar y sentir con sus manos. Le gusta el orden, lo previsible, un objeto cuya manufactura pueda ser inspeccionada. Y ahora su mundo era redefinido por algo intangible.

Suponiendo que este niño fuera realmente el Mesías, ¿Cuánto tardarían en saberlo aquellas personas que se reirían y burlarían de él? ¿Cómo se suponía que haría José para ser el padre de un futuro rey? Más aún, ¿Con qué clase de mujer estaba por casarse?

A su tiempo, José recibiría más revelaciones por medio de sueños: huir a Egipto con su pequeña familia, luego regresar y, finalmente, establecer un hogar en Nazaret, donde el niño estuviera a salvo. El hombre acostumbrado a la madera y a la piedra, tenía que convertirse en un hombre de sueños y destino. Él, que había anhelado tener su propia descendencia, encontró su llamado a ser un padre adoptivo.

Pero ese trueque no fue en vano. El niño que creció hacia su madurez bajo el cuidado de José, que honró su oficio de carpintero, era digno de cualquier sacrificio. En la actualidad conocemos el nombre de José debido a su fidelidad y su obediencia al seguir cada una de las instrucciones que Dios le dio. En José y en María, Dios escogió al único hombre y a la única mujer de este mundo a quienes podía confiar su precioso Hijo.

José era un hombre silencioso. Por ejemplo, cuando los

EL HOMBRE ACOSTUMBRADO A LA MADERA Y A LA PIEDRA, TENÍA QUE CONVERTIRSE EN UN HOMBRE DE SUEÑOS Y DESTINO. ÉL, QUE HABÍA ANHELADO TENER SU PROPIA DESCENDENCIA, ENCONTRÓ SU LLAMADO A SER UN PADRE ADOPTIVO.

sabios lo visitaron, no hay registro de que José haya dicho nada. Pero era un hombre de fe, confiable y práctico, que sirvió de modelo no solamente para el Hijo amado, sino también para todos nosotros, que permanecemos en silencio en la presencia de ese Niño.

¿Por qué José? Para cumplir su plan, Dios necesitaba un carpintero. Precisaba de un hombre fuerte, firme y práctico, pero también sensible a la voz de Dios. Necesitaba alguien que se quedara apaciblemente junto a una joven virgen que podía haber sido objeto del ridículo, aunque llevara en su vientre la esperanza del mundo. José era fuerte pero compasivo; era capaz de conducir la agotadora expedición a Belén y al pesebre; de amar y de confortar a la madre de Cristo. José, como el hombre de la casa, fue el primer maestro que enseñó a Jesús la ley de Dios. Luego en Jerusalén, cuando el muchacho tuvo doce años y se hizo evidente que su primera lealtad debía ser para con el Padre, José fue el hombre que humildemente y en silencio se hizo a un lado y dejó que Dios pasara al frente.

Preguntas para reflexionar

- ¿Alguna vez alguien a quien amabas te desilusionó o te lastimó? ¿Cómo reaccionaste?

- ¿Hay alguien en tu vida a quien hayas tratado con descuido? ¿Qué podrías hacer hoy para cambiar esa situación?

Para estudio adicional: Lee Mateo 1:18-23 y haz una lista de las cosas que hizo José para obedecer cada orden.

¿POR QUÉ VINO JESÚS EN ESE MOMENTO?

*I*magina esta situación: un líder mundial se propone enviar a un hombre a una misión de máxima urgencia. El destino del mundo descansa en el éxito de esta operación. Por lo tanto, el comandante piensa cuidadosa y estratégicamente su plan. Nada puede quedar librado al azar; cada detalle debe ser analizado con cuidado.

El líder enviará solamente al candidato perfecto para su misión. Debe decidir dónde utilizar a su agente, cómo trasladarlo hasta allí, y qué objetivos debe alcanzar. El momento es lo más importante. Si la misión se lleva a cabo demasiado temprano o demasiado tarde, todo se perderá.

El máximo Líder Mundial, el que está en el lugar más alto, concibió una misión similar. El mundo se dirigía hacia su completa destrucción porque la humanidad estaba esclavizada por el pecado que había en cada ser humano. Hombres y mujeres estaban en guerra consigo mismos y con el prójimo.

La respuesta de Dios a nuestra situación desesperante se resume de la mejor manera en estas palabras: "Porque tanto amó Dios al mundo, que dio a su Hijo unigénito, para que todo el que cree en él no se pierda, sino que tenga vida eterna" (Juan 3:16). No sólo era Jesús el Hijo de Dios, sino además su agente para rescatar a un mundo perdido. Y para tener éxito, este agente tendría que presentar su sacrificio final en el altar de este mundo.

¿No te parece que Dios, conociendo los costos, tomaría en cuenta cada detalle a la hora de organizar tamaño operativo? Envió al hombre adecuado para la misión, la cual fue cumplida de la única manera posible: la muerte y resurrección de Jesús. ¿Pero qué hay acerca del momento oportuno? ¿Podría haber enviado Dios a su hijo antes o después? Gálatas 4:4 expresa la idea bellamente: "Pero cuando vino el cumplimiento del tiempo, Dios envió a su Hijo" (RVR 95). En otras palabras, las condiciones eran óptimas en el campo de batalla del mundo. Pero, ¿por qué? ¿Qué sucedía en el vasto Imperio Romano para que fuera el momento ideal para la llegada de Cristo?

Los romanos eran parte de la respuesta. Por primera vez en la historia, el mundo mediterráneo; la cuna de la civilización, estaba unificado. Alejandro Magno, un griego, había sido el primero en unir a muchas naciones, pero los romanos habían puesto los cimientos que perdurarían por más tiempo. Habían construido los famosos caminos romanos ("Todos los caminos conducen a Roma"), que permitirían que los mensajeros viajaran seguros llevando noticias e ideas, tal como lo harían Pablo y los primeros misioneros. Las embarcaciones también habían evolucionado. Egipto e Italia, Siria y España, todas estas naciones compartían esta "autopista" en la que se había convertido el Mar Mediterráneo. Este era otro medio para que el mensaje de Cristo se difundiera por todas partes.

También estaba la *Pax Romana*, la "paz romana", que se extendió desde el año 27 a.C. hasta el año 180 d.C. Jesús nació durante la generación en la que había comenzado y ésta representaba un entorno relativamente calmo para las regiones inferiores de Europa, Asia Menor, Medio Oriente, Egipto y el Norte de África. En una ciudad como Jerusalén, por ejemplo, a los judíos se les permitía conservar su propia fe y costumbres. Los romanos eran permisivos con las religiones, mientras no provocaran disturbios y los judíos pagaran un impuesto punitivo, el *fiscus Judaicus*.

La estabilidad y una relativa tolerancia permitieron que el mundo se abriera a la propagación de una nueva idea; los caminos y las rutas de navegación lograron que esto sucediera con rapidez y eficacia. Pero hubo otro factor clave: el *idioma*.

Los romanos efectivamente habían logrado controlar gran parte del mundo conocido, pero en un aspecto permanecían eclipsados por los griegos, sus predecesores: durante muchos

HABÍA MUCHAS OTRAS IDEAS PRESENTES EN EL MUNDO DE ESE PRIMER SIGLO. TODAS ELLAS TENÍAN LOS CAMINOS ROMANOS Y LA PAZ A SU DISPOSICIÓN, ASÍ COMO EL IDIOMA GRIEGO. PERO NINGUNA OTRA IDEA FUE CAPAZ DE DERRIBAR AL MÁS GRANDE IMPERIO DE LA HISTORIA DE LA HUMANIDAD.

años, casi todos los pueblos siguieron hablando en griego. El idioma griego helénico parece haber sido uno de los más hermosos y articulados que el mundo haya conocido. Parecía hecho a medida para las ideas que caracterizaban la vida y el pensamiento cristiano. ¿Hubiera aprendido hebreo el resto del mundo para comprender las declaraciones de Cristo? Es difícil de imaginar. Pero el idioma en común, el griego, hizo posible que Pablo y otros viajaran a muchos países y le comunicaran al mundo las buenas nuevas del evangelio sin engorrosas traducciones.

Tenemos en cuenta todos esos factores y aún así nos queda una improbabilidad. Después de todo, había muchas otras ideas presentes en el mundo de ese primer siglo. Todas ellas tenían los caminos romanos y la paz a su disposición, así como el idioma griego. Pero ninguna otra idea fue capaz de derribar al más grande imperio de la historia de la humanidad.

Piensa en esto: un oscuro maestro de un pequeño pueblo en un país destruido cambió el mundo, *después de su muerte*. El viernes en que fue ejecutado, casi todos sus discípulos lo abandonaron. Sin embargo, en el transcurso de esa generación, fue adorado en muchos países. Al cabo de tres siglos, su mensaje se convirtió en la doctrina oficial del imperio. Como resultado, hoy en día, más de dos billones de hombres, mujeres y niños siguen al mismo maestro que fue ejecutado como un criminal.

Jesús realmente vino en el momento perfecto, pero también trajo el mensaje perfecto. Trajo esperanza y luz. En un mundo gobernado por la espada, este maestro habló de la perfecta paz. En un mundo de violencia y castigo, él habló de amar a nuestros enemigos. En un mundo de muerte, ofreció la esperanza de una nueva vida, para el presente y más allá de la tumba. Los romanos dominaban mediante el poder del terror, y levantaban en alto una cruz que cumplía su temible tarea por medio de un dolor inimaginable. Jesús aceptó esa cruz, sometiéndose él mismo a ella; elevándola tanto como un puente entre el dolor del mundo y el gozo del cielo. Ese puente, como él dejó muy claro, estaba disponible aún para aquellos que lo perseguían.

Ese era un mensaje para conquistar al mundo. En la plenitud de los tiempos, precisamente cuando su verdad y su amor pudieran diseminarse con el mayor impacto, Jesús vino para traer el mensaje más radical y profundo que se hubiera presentado jamás. Lo que había comenzado en un pesebre de la pequeña Belén, redefiniría la historia en el momento perfecto y para la eternidad.

Preguntas para reflexionar

- ¿Alguna vez fallaste al planificar una reunión importante, una tarea o una prueba? ¿Cuál fue el resultado?

- ¿Qué es lo nuevo que aprendiste en este capítulo sobre la cuidadosa planificación que Dios hizo para la Navidad?

Para estudio adicional: Gálatas 4:4 hace referencia a la encarnación de Jesús, mientras que Gálatas 4:5-7 habla más sobre el plan de Dios. Lee estos versículos y enumera otros detalles del propósito de Dios para enviar a su Hijo.

¿POR QUÉ EL MILAGRO DEL BEBÉ DE ELISABET Y ZACARÍAS?

$\mathcal{P}$ara el pueblo de Israel, el mejor de todos los legados era tener hijos y criarlos. En ese aspecto, eran como la mayoría de nosotros. En aquellos lejanos tiempos, les resultaba difícil comprender la infertilidad. Muchos creían que si Dios estaba reteniendo la bendición de los hijos, era porque alguien había hecho algo malo. Y el dedo acusador generalmente señalaba a la mujer. Era sospechosa de un pecado oculto, y en tanto demorara la llegada de la descendencia, seguía siendo la culpable.

Para nosotros es difícil imaginar el solitario peregrinar espiritual de una frustrada aspirante a madre en los tiempos bíblicos. *¿Qué hice mal, Señor? ¿Por qué no me muestras mi pecado para que yo pueda remediarlo?*

Elisabet, quien vivía cerca de Jerusalén, habrá pronunciado esas palabras con lágrimas durante muchas noches de insomnio. Su esposo, Zacarías, ¡era un sacerdote! Eso hacía que su problema fuera aún más evidente. Seguramente hubo chismes acerca de la esposa del sacerdote, quien no podía hallar favor ante los ojos de Dios. ¡Cuánto habrá deseado Elisabet una hija que la ayudara a cocinar y a limpiar, y a la cual un día pudiera entregar en matrimonio! Zacarías, como cualquier padre, habría querido un hijo.

MUCHOS CREÍAN QUE SI DIOS ESTABA RETENIENDO LA BENDICIÓN DE LOS HIJOS, ERA PORQUE ALGUIEN HABÍA HECHO ALGO MALO. Y EL DEDO ACUSADOR GENERALMENTE SEÑALABA A LA MUJER.

Pero las noches eran largas, Dios estaba en silencio y la cuna seguía vacía. Los años pasaban, y el tiempo del cabello cano y los huesos cansados se acercaba inexorablemente. Hacía tiempo que la pareja había renunciado a la esperanza de tener un hijo cuando, sin saberlo ellos, se acercó el momento del acontecimiento más maravilloso del mundo y de su asombrosa participación en el mismo.

Lucas no comienza su Evangelio con la saga de Cristo o del cristianismo, o hablando de María y José, o de Herodes; sino con esta historia, precisamente. El sacerdote Zacarías estaba en el Templo quemando incienso delante del Señor, cuando de repente se preguntó si habría caído en una especie de ensueño. Ahí, de pie, a la derecha del altar del incienso, ¡había un ángel! Zacarías estaba aterrorizado, como lo estaría cualquier persona a la que la visita un ángel.

El visitante le reveló noticias demasiado maravillosas como para ser imaginadas. Dios respondería a los años de plegarias con un hijo. Y no solamente eso, el hijo sería el reflejo de esos años de aflicción y ansiedad. Sería un niño especial, "lleno del Espíritu Santo aún desde su nacimiento" (Lucas 1:15). Esto era algo más que singular. Por cientos de años no había habido profetas, ¡y este niño llevaría la presencia de Dios desde el mismo vientre de su madre!

Quizás el sacerdote haya caído de rodillas, con el cuerpo conmocionado por los sollozos, con lágrimas de asombrada reverencia. El ángel había brindado abundantes detalles acerca del futuro del niño. Ni María ni José habían recibido tantos datos sobre su futuro hijo.

En primer lugar, dijo el ángel, mucha gente se regocijaría con la pareja y la bendita reivindicación sería recibida luego de tantos años de descrédito social. El niño debía llamarse Juan; llevaría el espíritu y el poder de Elías, el más amado de los profetas, y lograría que muchos israelitas se volvieran al Dios que habían abandonado. Él tendría el poder "para reconciliar a los padres con los hijos" (Lucas 1:17). Pero lo mejor de todo sería que él prepararía el camino para la llegada del Señor, tal como había profetizado Isaías.

Lo conocemos como Juan el Bautista.

Por la mente de Zacarías habrá cruzado un súbito relámpago de duda. Como sacerdote, conocía las profecías sobre la llegada de alguien como Moisés, uno que anunciaría la presencia del Mesías entre los hombres. Pero le faltó la fe para creer y preguntó cómo podía ser posible eso.

El ángel reveló entonces su identidad. Era *Gabriel*, quien está ante el trono de Dios; *Gabriel*, quien había visitado a Daniel y también visitaría a María. Y como una leve disciplina, acalló la boca del sacerdote para que no pudiera hablar hasta que las palabras del ángel se hubieran cumplido.

Por primera vez, Zacarías tenía algo de qué hablar y ¡no pudo pronunciar ni una palabra!

¿Puedes imaginar la mezcla de alegría y frustración que sentía cuando volvió donde estaba Elisabet? En realidad, Lucas nos cuenta que el embarazo tomó por sorpresa a su esposa. Dios me quitó "la vergüenza que yo tenía ante los demás" (Lucas 1:25).

Ella estaba a comienzos del séptimo mes de embarazo cuando Gabriel hizo otra visita; esta vez, a María. Junto con el anuncio de Jesús, Gabriel le hizo saber que su prima Elisabet también tenía buenas noticias: el futuro de sus hijos estaría entrelazado. Ambos eran embarazos milagrosos, ambos cumplían las antiguas palabras. A diferencia de Zacarías, María tenía una fe sencilla como para creer las noticias que el ángel le había dado.

DIOS ESCUCHA NUESTRAS ORACIONES; ÉL ES FIEL A SU PALABRA, Y ESTÁ PREPARANDO EL CAMINO PARA ALGO MÁS MARAVILLOSO DE LO QUE PODEMOS IMAGINAR.

Cuando María llegó corriendo a los brazos de su prima, el niño dentro de Elisabet saltó de alegría. María cantó un salmo de alabanza, citando a Ana, una madre famosa que también había dado a luz a un profeta después de derramar océanos de lágrimas. María y Elisabet, hermanadas en una gracia milagrosa, se abrazaron fuertemente. Las noticias de María eran las mejores: revelaban que vendría el Hijo de Dios. Pero la de Elisabet también era maravillosa porque indicaba que el heraldo del Hijo de Dios estaba a punto de nacer, el que Dios había escogido para ser una lámpara brillante que atraería a las personas hacia Jesús, la Luz del mundo.

Cuando llegó el niño, también lo hizo el habla de Zacarías. Él presentó un cántico de alabanza que armonizaba con los de las mujeres. Otra canción, por así decirlo, fue entonada para Juan; en este caso, fue Jesús quien la cantó. Él dijo que este hijo milagroso de Elisabet y Zacarías, era el más grande de los hombres (Mateo 11:11) y mucho más que un profeta (Lucas 7:26-28).

El escéptico sacerdote y su esposa nos muestran que Dios escucha nuestras oraciones; él es fiel a su palabra, y está preparando el camino para algo más maravilloso de lo que podemos imaginar. Y recompensa aún a la fe débil.

Preguntas para reflexionar

- ¿Anhelas algo que parece estar lejos de tu alcance? ¿Estás tratando de hacer que suceda a toda costa, o estás dispuesto a renunciar a ello?

- ¿Has dudado alguna vez de las promesas de Dios para ti? ¿Cómo lo solucionaste?

Para estudio adicional: Lee Génesis 18:1-15 acerca de otro relato de una promesa de un bebé milagroso. ¿Cómo reaccionaron los padres en ese caso?

¿POR QUÉ
BELÉN?

$\mathcal{B}$elén hizo el papel de anfitriona de la Navidad, un acontecimiento del cual el mundo apenas se dio cuenta, a pesar de que cambió la historia de todos los seres humanos. Tal como alguna vez expresó Ralph W. Sockman: "La bisagra de la historia está en la puerta de un establo de Belén."

Imaginamos una noche silenciosa, pero recuerda que las posadas estaban llenas y que los peregrinos debían estar vagando por las calles. Nos imaginamos una ciudad simple, aunque Belén tenía un variado y sorprendente legado.

La Biblia relata, por ejemplo, que fue en Belén donde fue enterrada Raquel, la amada esposa de Jacob. Ella murió trágicamente dando a luz a Benjamín, el amado hermano de José.

En otra curva del camino de la historia nos encontramos con Rut, cuya semblanza es breve pero conmovedora.

Dos viudas, Rut y su suegra Noemí, dejaron la tierra extranjera de Moab para mudarse a la pequeña ciudad donde Noemí y su esposo habían vivido, la ciudad de Belén. Allí, prosperaron y Rut volvió a casarse. En Rut 4, el pueblo bendice a Rut y a su nuevo esposo. La compararon con Raquel y expresaron sus peticiones de que su descendencia fuera excelente.

Esas plegarias fueron respondidas de una manera que el pueblo jamás podría haber imaginado.

La pequeña ciudad de Belén también aportó al antiguo pueblo de Israel su héroe más perdurable. El profeta Samuel había llegado a la ciudad en busca de un futuro rey, tal como otros hombres sabios lo harían cientos de años más tarde. El libro de 1 Samuel registra de qué manera el profeta llegó a la casa de Isaí, y evaluó cuidadosamente a los jóvenes del hogar, uno por uno. Su mirada piadosa finalmente cayó sobre David, el joven pastor de ovejas, el que "menos probabilidades de éxito tenía". Aquí, anunció Samuel, estaba la materia prima para un rey popular. Allí estaba uno destinado a ser conocido como "el hombre según el corazón de Dios". ¿De pastor a rey? La idea era asombrosa.

En momentos difíciles, el anciano rey David vería que el enemigo mortal de Israel, los filisteos, establecía un cuartel en su amada Belén. Cuando David quiso beber agua de su manantial, una brigada de sus valientes soldados irrumpió para robar un poco de agua para él; observando luego que el rey derramaba el agua como sacrificio delante de Dios.

El árbol genealógico de Jesús muestra estos tres nombres: Raquel, Rut, David. Madre, moabitas, monarca. No podemos dejar de ver las piezas de un rompecabezas, las seductoras pistas al maravilloso legado que un día pertenecerían a Belén.

La pista más grande de todas, sin embargo, estaba al alcance de cualquier hebreo que examinara las Escrituras. En los pergaminos de los profetas estaba escrita una sorprendente predicción: "Pero de ti, Belén Efrata, pequeña entre los clanes de Judá, saldrá el que gobernará a Israel; sus orígenes se remontan hasta la antigüedad" (Miqueas 5:2).

Belén Efrata, dos nombres, dos significados. *Belén* significa "la casa del pan". Su Hijo luego se llamaría a sí mismo "el Pan de vida", y diría: "Yo soy el pan vivo que bajó del cielo" (Juan 6:51). ¿Habría un lugar más adecuado para que Él naciera que la "casa del pan"?

¿Qué hay del segundo nombre? *Efrata*, un nombre mucho más viejo de la ciudad, que quiere decir "fertilidad". En esto también, el Hijo de Belén nos recordaría su primer hogar al decir: "Cuando ustedes dan mucho fruto y muestran así que son mis discípulos" (Juan 15:8).

Para aquellos que leían los escritos antiguos y meditaban sobre la obra eterna de Dios, las pistas estaban ahí, en la historia, en los nombres, y en los sorprendentes caminos del propio Dios. Belén era motivo de constante observación. Por eso, mientras los años pasaban, los rabinos conservaban el recuerdo y los eruditos mantenían puesta su mirada en la pequeña ciudad. Todos los demás pasaban de largo sin darse cuenta; por eso, en esa sorprendente noche, cuando un campesino y su prometida llegaron agotados a la ciudad, nadie podría haber anticipado que el mundo cambiaría para siempre.

Quizás esta es la razón por la que pensamos acerca de Belén como una ciudad sin tiempo, detenida en una noche eternamente silenciosa y estrellada. Sabemos que las posadas locales tenían disponibilidad para todos menos para un rey; ni siquiera podían ofrecer una almohada para aquel que algún día daría todo lo que tenía por ellos. Sin embargo no podemos guardar rencor a los posaderos y a los cobradores de impuestos, la ocasión era demasiado feliz.

LAS PISTAS ESTABAN AHÍ, EN LA HISTORIA, EN LOS NOMBRES, Y EN LOS SORPRENDENTES CAMINOS DEL PROPIO DIOS.

Pues en un rincón olvidado de una olvidada ciudad de un olvidado país, de pronto se divulgó la noticia más inolvidable. En la "casa del pan", el Pan de vida ha sido servido para toda la humanidad. En la ciudad de la fertilidad, alguien ha llegado para ofrecer el dulce fruto del cielo. Y del lugar donde una vez existió un manantial deseado por un rey sediento, brotaría una fuente de agua viva para todos los hombres. Aquel que la ofreció, dijo: "pero el que beba del agua que yo le daré, no volverá a tener sed jamás, sino que dentro de él esa agua se convertirá en un manantial del que brotará vida eterna" (Juan 4:14).

¿Por qué Belén? ¿Por qué tu corazón o el mío? Ciudad y alma, ambos están en silencio por igual, igualmente mezclados en sus historias, igualmente sedientos. De la misma manera en que el Hijo llegó a esa ciudad de Belén, Él anhela volver a nacer en los corazones de cada uno de nosotros.

Preguntas para reflexionar

◎ ¿Hay algún lugar especial asociado con la historia de tu familia? ¿Lo has visitado recientemente?

◎ Según este capítulo, ¿qué otras cosas importantes sucedieron en Belén?

Para estudio adicional: Lee 1 Samuel 16:1-13. A partir de este relato, enumera tres cosas interesantes que hayan ocurrido en Belén.

¿POR QUÉ NO HABÍA LUGAR EN LA POSADA?

*B*elén era una aldea tranquila y carente de novedades, algo así como un suburbio de la próspera y cosmopolita Jerusalén. No era un destino de viaje, sino más bien una parada de descanso en el camino. Quedaba a ocho kilómetros a las afueras de la gran ciudad, donde la presencia de Dios moraba en el Templo. Había mejores alojamientos a pocas horas más de marcha. Todos estaban ansiosos de ver Jerusalén, demasiado ansiosos como para entretenerse en las afueras.

Pero ahora el imperio estaba haciendo un censo, y los israelitas que descendieran del rey David tenían que reportarse a su ciudad natal de Belén. Habían pasado diez siglos desde los tiempos de David, los días de gloria de Israel, y el clan familiar del rey constituía una nación en sí mismo.

¿Por qué le interesaría al Imperio Romano hacer un censo de una colonia? Como te podrás imaginar, se trataba de dinero. El César tenía un interés especial en que el oro fluyera hacia el distrito de Roma. Quería obtener un recuento meticuloso y organizado para estar seguro de que cada persona apta pagara hasta el último centavo obligatorio.

Por lo tanto, en este maravilloso día, todos los caminos conducían a Belén. La pequeña ciudad estaba plagada de tías, tíos y primos que habían sido desarraigados muchas veces. El lugar era una mezcla de gran reunión familiar con una convención de negocios. Aunque hubieran surgido muchos hostales y posadas provisorias de la noche a la mañana, no había manera de que Belén dispusiera de la cantidad de camas que necesitaba. Los viajeros que arribaran tarde quedarían obligatoriamente desatendidos.

¡Imagina esas avenidas atestadas! El censo era un momento de prosperidad para los posaderos y los vendedores de comida, pero también para los carteristas y los delincuentes que podían desaparecer entre la multitud. Los viajeros y la música estridente brotaban de las puertas de las tabernas y las mujeres de mala reputación aguardaban en los callejones. Los buenos y los malos estaban hombro a hombro. Este fue, entonces, el escenario para la llegada de nuestro Señor.

Pero ten en cuenta lo siguiente: ¿cuánto más numerosa hubiera sido esa multitud si el mundo hubiera sabido lo que nosotros sabemos? La ironía es que miles de personas iban y venían por la ciudad en el día más maravilloso de la historia, ignorando que estaban en el punto de partida de una invasión celestial. Ellos creían que habían venido para algo tan insípido y rutinario como un registro impositivo. En la primera Navidad del mundo, habían venido para dar, no para recibir. Cientos de familias habrán pasado cerca del establo. Habrán pasado junto a la madre y a su bebé recién nacido sin pronunciar siquiera un "buen día" o echar una mirada de curiosidad. Seguramente habrán fruncido la nariz ante esos pastores que estaban entusiasmados pero sin bañarse, cuando pasaron junto a ellos, camino al establo.

El regalo más grande de Dios llegó envuelto en misterio, como para que nadie supiera qué había en su interior. El Hijo de Dios había venido a este mundo; la eternidad se infiltró en el tiempo y en el espacio. ¿Por qué, entonces, no había lugar en la posada? Si Dios podía mover una estrella desde una galaxia lejana para invitar a los sabios desde el Oriente, ¿no podía hacer lugar en una habitación de una humilde posada?

No podemos dudar acerca de ello ni por un instante. Este acontecimiento no fue el resultado de un impulso momentáneo. Era el momento decisivo en la historia de la humanidad. Dios lo había planificado amorosamente desde antes de la Creación, y no había pasado por alto ningún detalle.

El Señor de la Creación eligió entrar a este mundo silenciosamente en medio de un escenario agitado. Fue por un designio celestial que no vino al mundo en la relativa comodidad de una posada, sino en el sórdido galpón de un granjero. Un nacimiento sin hogar fue parte esencial de una vida sin hogar.

Coincidió que su madre, una nazarena, estuviera en Belén en el momento de nacer su hijo, como lo había predicho el profeta Miqueas. María y José llevaron al Niño a Egipto para su seguridad, luego a Nazaret, tras la advertencia de un ángel de que no volvieran a los alrededores de Belén. Sabemos que Jesús creció en Nazaret, pero las

Escrituras saltearon ese período. Cuando lo vemos a la edad de doce años, aún en ese momento él estaba camino a Jerusalén y al Templo. Nunca se lo describe en su casa.

Un día, cuando Jesús era adulto, un maestro declaró que seguiría al Maestro a cualquier lugar. El Señor respondió: "Las zorras tienen madrigueras y las aves tienen nidos . . . pero el Hijo del hombre no tiene dónde recostar la cabeza" (Lucas 9:58). Sus palabras tienen un dejo de triste nostalgia. La vida de Jesús fue un largo camino que comenzó en el establo y lo llevó a la cruz; y por último, desde luego, a una tumba prestada. Las comodidades de la vida doméstica no eran para Él, porque tenía mucho trabajo que hacer.

UN NACIMIENTO SIN HOGAR FUE PARTE ESENCIAL DE UNA VIDA SIN HOGAR.

Al aceptar el rechazo humano, incluso en su nacimiento, Jesús dio al mundo un mensaje de amor tenaz e inquebrantable. No fuimos capaces de ofrecerle ni un pequeño rincón, no teníamos lugar para Él, ni tiempo para detenernos a adorarlo, ni interés en un niño campesino. Pero ese mismo Niño vino para encontrar un lugar para *nosotros*. Algún día, Él reservaría un lugar para cada uno de sus hijos en la Posada que nos aguarda en la tierra eterna.

Antes de partir hacia ese viaje final, Él les dijo a sus discípulos: "En el hogar de mi Padre hay muchas viviendas; si no fuera así, ya se lo habría dicho a ustedes. Voy a prepararles un lugar" (Juan 14:2). Habiendo dejado de ser alguien sin hogar, abriría las puertas del cielo, para que nadie quedara afuera, en el frío.

Preguntas para reflexionar

⊙ Cuando viajas, ¿prefieres reservar alojamiento por adelantado o arriesgarte? ¿Por qué?

⊙ ¿Alguna vez te "sacaron" de un vuelo? ¿Alguna vez fuiste a un hotel en el que ya tenías una reserva garantizada y te encontraste con que el hotel estaba sobrevendido? ¿Cómo manejaste esa situación?

Para estudio adicional: Lee Juan 14:1-3. ¿Qué dice Jesús que hará luego de preparar un lugar para nosotros? ¿Cómo podemos estar seguros de nuestra "reserva"?

¿POR QUÉ EN EL ESTABLO?

No estamos seguros si el lugar de nacimiento de Jesús fue un cobertizo de madera o una antigua cueva. La palabra *establo* no se encuentra en el relato de la Navidad. Es natural suponer algo por el estilo porque Lucas nos dice que los pastores buscaban al Niño "acostado en un pesebre", que era un recipiente para alimentar a los animales. En realidad, ese comedero se menciona dos veces, una por Lucas y otra por el ángel que se les apareció a los pastores.

Los informes romanos del primer siglo mencionan una cueva que se cree fue el lugar de nacimiento de Jesús; y por cierto, los animales eran protegidos a menudo en las cuevas. ¿No sería maravilloso imaginar que había sido la misma cueva donde David había descansado con su sovejas muchos años atrás? Pudo haber compuesto el Salmo del Pastor en el mismo lugar donde el Buen Pastor llegó a este mundo. En otra ocasión, pudo haber descansado allí mientras recibía la inspiración para escribir el Salmo 22, el cual describe tan vívidamente el sufrimiento de la crucifixión.

Desde luego, todo esto no es más que pura especulación. De lo que podemos estar seguros es que Jesús, descendiente de David, nació en algún lugar cercano a un establo cualquiera preparado para animales y esa imagen nos mueve a adorarlo durante las fiestas. La escena del nacimiento ha pasado a formar parte de las delicadas imágenes de nuestras tarjetas y actos navideños; con animales, pastores y la luz de la luna reflejándose suavemente en el rostro del Niño.

Quizás muchos de nosotros no conocemos lo que es un granero. El sitio huele a cualquier cosa menos a santidad, el heno nos hace estornudar y abundan los insectos. José y María habrían preferido una habitación en la posada. En una ciudad llena de extranjeros, un establo no ofrecía seguridad ni intimidad. Después de un viaje tan largo, la pareja necesitaba un lugar tranquilo. José estaba preocupado por su esposa, quien daría a luz en cualquier momento; la había traído consigo en semejante viaje porque ella era demasiado preciosa como para dejarla sola. El ángel le había encargado que la cuidara, y él estaba decidido a hacerlo y a cumplir con todas las necesidades que tuviera en el momento del parto.

Y así fue: el Hijo de Dios vino a este mundo, no ante la presencia de líderes mundiales, sino de animales. No lo hizo en un palacio ni en un altar, sino en un establo. Adriano, el emperador romano, intentaría más tarde enviar un mensaje intimidatorio profanando la santidad del lugar con un insultante altar pagano, pero pasó por alto el mensaje que ya había sido enviado. Jesús había cubierto para siempre con amor y perdón, toda nuestra ira y nuestro empecinado orgullo. Él vino tanto por Adriano como por

María, José, los pastores, los sabios y por los que sostuvieron los clavos que perforarían sus manos y sus pies. El poder de su amor derretiría cualquier insulto insignificante que intentara cubrirlo.

Irónicamente, el lugar donde tradicionalmente se creía que estuvo el establo en el cual nació Cristo, se convirtió en una especie de campo de batalla. Hacia el año 135 d.C., los romanos se volvían locos con los constantes disturbios en las provincias judías. El emperador Adriano decidió enviarles un mensaje contundente profanando los lugares que judíos y cristianos consideraban sagrados.

Los espías del emperador le hablaron especialmente acerca de una interesante cueva en Belén. La leyenda local insistía que allí había nacido Jesús, el fundador del movimiento cristiano, rodeado de animales de corral. Lo que era más extraño aún, años más tarde este "rey" había sido ejecutado como un criminal. Sin embargo, sus seguidores continuaban exaltándolo. Los hombres de Adriano encontraron la cueva y en ella erigieron un templo a Júpiter y a Venus. *"Eso les enseñará,"* pensó.

Adriano se evaporó en la historia, pero el cristianismo probó ser perdurable. Exactamente dos siglos después, en el año 355 d.C., el emperador Constantino visitó el mismo lugar. Derribó los restos de la construcción pagana y en su lugar construyó una iglesia cristiana.

Años después, los persas derribaron la iglesia de Constantino y los cristianos la reconstruyeron. Entonces llegaron los turcos, que la demolieron nuevamente. Luego los cristianos levantaron la Iglesia de la Natividad, que permanece hasta hoy. Los cimientos fueron colocados por los Cruzados durante la Edad Media, con un legado sangriento. Recientemente, en el 2002, militantes palestinos armados entraron por la fuerza y ocuparon la iglesia durante 39 días. En respuesta, francotiradores del ejército israelí mataron a siete militantes e hirieron a otros cuarenta, desatándose un fuego destructor sobre el lugar donde, se dice que, nació el Niño santo.

De esa manera, el que quizás haya sido el lugar de la Navidad, se ha convertido en un centro de sangre y luchas. Aun cuando hay paz, la grande e imponente capilla de Belén tiene poco que ver con el humilde establo en el cual el Hijo de Dios vino al mundo. Él vino con sencillez, sin extravagancia. Vino a traer paz a la tierra y a reconciliar a sus hijos en amor, no para crear nuevas contiendas entre nosotros. El mismo sitio se ha convertido en un lugar de disputa, demostrando por qué necesitamos primero a Jesús.

JESÚS VINO A EXPONERSE, DESDE EL PRIMER MOMENTO, A TODOS LOS PELIGROS QUE EL MUNDO PODÍA PRESENTAR.

Tan modesto fue ese lugar de nacimiento que ni siquiera podemos estar completamente seguros de su paradero. El sitio de la actual iglesia ha sido indicado desde el primer siglo, por lo tanto hay razón para darle crédito. Sin embargo, ¿hace falta realmente saber dónde nació? La verdadera cuna está en nuestro corazón. Lo que cualquier hombre pudiera construir en ese lugar, cualquier otro también podría derribar. Pero lo que el Señor nos trajo desde ese lugar nunca podrá ser destruido.

¿Por qué el establo? Cristo prefirió un establo para

identificarse con los más humildes de entre nosotros, con los pobres y con los desvalidos. No exigió ninguna de las comodidades ni la seguridad que ofrece el mundo. Jesús vino a exponerse, desde el primer momento, a todos los peligros que el mundo podía presentar y continuó haciéndolo hasta la misma cruz.

"Ya conocen la gracia de nuestro Señor Jesucristo," escribiría el apóstol Pablo, "que aunque era rico, por causa de ustedes se hizo pobre, para que mediante su pobreza ustedes llegaran a ser ricos" (2 Corintios 8:9).

Jesús eligió lo último para que tú pudieras acceder a lo máximo. Él entró por el establo para que tú pudieras morar para siempre en el palacio celestial.

Preguntas para reflexionar

◒ ¿Dónde naciste: en un hospital, en una casa, o quizás en un vehículo? ¿Por qué razón en ese lugar?

◒ ¿Qué se huele, qué se ve y qué se escucha en un establo? ¿Puedes imaginarte dando a luz a una criatura en esas condiciones? ¿Por qué?

Para estudio adicional: Lee Lucas 2:22-24 y Levítico 12:2-8. ¿Cómo sabemos que la familia de Jesús estaba acostumbrada a un estilo de vida humilde?

¿POR QUÉ LO LLAMARON JESÚS?

Julieta estaba hablando con Romeo, cuando le hizo la famosa pregunta: "¿Qué hay en un nombre?" Julieta continuó diciendo que una rosa con otro nombre seguiría oliendo igual de agradable. Dale el nombre que quieras, una rosa conservará su belleza y su fragancia.

Ella estaba acertada. ¿Acaso un nombre no es simplemente un conjunto de letras del abecedario? Si no podemos evaluar un libro por su cubierta, tampoco podemos evaluar a los hombres o a las mujeres por sus nombres.

¿Este principio no se aplica también al nombre de Jesús? Lo que importa no es cómo lo llamemos sino quién es Él. El nombre no le da poder, pero ciertamente Él le da poder al nombre.

Ese nombre es una cuestión de cinco letritas. Y aún así, como decía una antigua canción religiosa, hay algo en ese nombre. De todos los títulos y nombres que las Escrituras le dan a Jesús (setecientos, dicen), *Jesús* es el nombre que más usamos, el que invocamos en nuestras oraciones, y el que el mundo reconoce. Ciertamente, hay poder en el nombre; poder, consuelo y autoridad.

En la época en que nació, el nombre de Jesús no era un nombre excepcional. De hecho, era un nombre popular para los varones. *Jesús* es el equivalente griego de *Joshua*, que quiere decir "Dios salva". Recordaba al gran líder de Israel que sucedió a Moisés y condujo a los israelitas a la tierra prometida. Para las familias hebreas, ponerle ese nombre a un hijo era rendir homenaje al héroe nacional, similar a George Washington o Abraham Lincoln para los norteamericanos. Pero también portaba el mensaje eterno de que "Dios salva": él tiene la respuesta para cualquier problema.

No es sorprendente, entonces, que el nombre de Joshua/Jesús, fuera tan popular. El historiador judío Josephus, mencionó a veinte hombres de renombre conocidos como Jesús, diez de ellos contemporáneos con el hijo de María.

Durante la vida de Cristo, ese nombre siguió siendo popular hasta unos años después de su muerte y resurrección. Y luego, de pronto, el nombre Jesús desapareció de las historias y de los censos. ¿Por qué? Porque había adquirido un significado nuevo y polémico. Los cristianos creían que ningún niño era digno de llevar el nombre que está por sobre todo nombre. Y para los hebreos incrédulos, el nombre evocaba una influencia que ellos no aceptaban.

¿De quién fue la idea de llamar Jesús al Niño? La palabra vino del propio Dios. Como cualquier padre, él quería darle un nombre a su Hijo. Mientras José dormía, un ángel vino a él en sueños, y le dio seguridad, ánimo, e instrucción. Recuerda, José estaba enfrentando la conmoción de enterarse que su prometida estaba esperando un hijo que él sabía no era suyo. Sentía el enojo y la vergüenza que cualquier hombre joven hubiera sentido. Entonces, las palabras del mensajero de Dios cambiaron todo: "No temas recibir a María por esposa, porque ella ha concebido por obra del Espíritu Santo. Dará a luz un hijo, y le pondrás por nombre Jesús, porque él salvará a su pueblo de sus pecados" (Mateo 1:20-21).

Los ángeles, desde luego, son portadores de mensajes celestiales. El ángel comunicó el deseo específico de Dios de cómo llamar al niño y *por qué*. La razón para el nombre *Jesús* fue que "él salvará a su pueblo de sus pecados".

SI TUVIERAS QUE LIMITAR LO MÁS ESENCIAL DE LA SABIDURÍA PARA TUS HIJOS EN SÓLO DOS BREVES Y SUCINTAS PALABRAS PERFECTAMENTE SELECCIONADAS, ¿CUÁLES SERÍAN ÉSTAS?

El nombre, entonces, llevaba implícita la declaración de propósito de la misión: la salvación para el pueblo del portador de ese nombre. De la misma manera, muchos padres bendicen a sus hijos con sus nombres. Mi nombre, David Pablo Jeremías, ¡contiene un ambicioso legado! Para mí es un recordatorio constante de un rey, un evangelista y un profeta. No me llevó mucho tiempo descubrir que si mi nombre es una declaración de misión, nunca puedo esperar ser completamente merecedor de él.

Pero el nombre de Jesús es diferente. Nos dice: *misión cumplida*. Jamás podríamos encontrar palabras para expresar de una manera más simple o más poderosa lo que Jesús significa para nosotros, y todo lo que él ha hecho por nosotros. Piénsalo de esta manera: si intentaras expresar en dos palabras la verdad más profunda y esencial conocida para la humanidad, ¿cómo lo harías? Si tuvieras que limitar lo más esencial de la sabiduría para tus hijos en sólo dos breves y sucintas palabras perfectamente seleccionadas, ¿cuáles serían éstas?

Permíteme decirte que nunca podrían ser mejores que *Dios salva*. Ya conocemos el resto: *Yo fallo*. La lección más importante que podríamos aprender es que *Dios salva*. Nuestro Padre celestial fue muy cuidadoso al diseñar ese mensaje como el nombre de su Hijo unigénito. Es como si hubiera querido estar absolutamente seguro de que nadie perdería el mensaje principal.

Por lo tanto, hagámonos nuevamente la pregunta: ¿qué hay en un nombre? Quizás deberíamos revisar nuestra primera conclusión, pues ahora debemos estar de acuerdo en que el simple nombre de Jesús tiene un significado muy valioso.

Hay un significado en el hecho de que Dios seleccionó un nombre que tenía importancia histórica. Josué fue el que condujo a los hijos de Israel hacia su principal legado, la tierra prometida; después de muchos años de esclavitud, sufrimiento y de deambular a la deriva en el desierto. Él hizo que cruzaran el río Jordán, una barrera que parecía insuperable. Jesús sería bautizado en el mismo río antes de conducir a sus hijos, a cada uno de nosotros, a nuestra propia tierra prometida, a nuestro propio legado espiritual. Descubrimos lo que significa cargar con nuestras vidas de esclavitud marcadas por el fracaso, el dolor y el deambular sin esperanza. Empezamos a creer que jamás podremos superar esa barrera que nos separa del gozo, de la paz y de todo lo que la vida debería ofrecer. Entonces, el Nuevo Josué nos dice: "Sígueme; Yo he venido para que tengas vida, y para que la tengas en abundancia." (Juan 10:10)

Hay un significado en el simple hecho de que Dios seleccionó un nombre *común*. En muchos sentidos, la misión de su Hijo fue identificarse con toda clase de personas. La gente de esa época esperaba alguien extraordinario. Esperaban a un vencedor: un Sansón o un Salomón. No esperaban a un campesino, o al carpintero de pueblo vestido de humildad y sumisión: "quien, siendo por naturaleza Dios, no consideró el ser igual a Dios como algo a qué aferrarse. Por el contrario, se rebajó voluntariamente, tomando la naturaleza de siervo y haciéndose semejante a los seres humanos. Y al manifestarse como hombre, se humilló a sí mismo y se hizo obediente hasta la muerte, ¡y muerte de cruz!" (Filipenses 2:6-8).

El nombre Jesús era tan común como para que hubiera otro candidato a ser ejecutado en el mismo momento de la crucifixión de Cristo. Su nombre era Jesús Barrabás, un sedicioso y asesino; un hombre que ejemplificaba hasta dónde podía llegar el ser humano. Fue a este Jesús al que pusieron en libertad en lugar de Aquel que llevó la única vida perfecta en la historia de la humanidad. Jesús de Nazaret, un nombre común para un hombre extraordinario; el nombre de Aquel que murió para que hasta un asesino pudiera tener un salvador.

Hay un significado en el nombre de Jesús ahora y para toda la eternidad. Jesús mismo nos prometió que todo lo que pidiéramos en su nombre nos sería concedido. Somos bautizados en el nombre de Jesús. Servimos a nuestros amigos y vecinos en el nombre de Jesús. "En ningún otro hay salvación, porque no hay bajo el cielo otro nombre dado a los hombres mediante el cual podamos ser salvos" (Hechos 4:12). En los momentos en que la vida se vuelve difícil, cuando parece que ya no hay esperanza y cuando las personas que menos esperamos se alejan de nosotros, podemos encontrar valor, poder y nuevas fuerzas en el nombre bendito de Jesús.

JESÚS DE NAZARET, UN NOMBRE COMÚN PARA UN HOMBRE EXTRAORDINARIO.

Sin duda hay algo en este nombre. Acostumbro a sentarme por las noches, con una radio de onda corta buscando las transmisiones radiales de misioneros, que nos llegan desde muy lejos. A pesar de la estática distorsionante, de la cacofonía de voces y del ir y venir de señales desconocidas, lo que siempre me atrae es la música. Reconozco la melodía característica de algún grupo de cristianos en alguna parte al otro lado del mundo, alabando a Dios mediante la música. Ni siquiera tengo que entender el idioma, el regocijo armonioso me sugiere que Jesús mora en el centro de la canción y de la persona que canta.

Entonces, ya sea que canten en swahili o en sueco, escucho el nombre que suena de manera similar y con la misma belleza en cualquier idioma que la lengua humana pueda hablar. Ante el nombre de Jesús la estática parece desvanecerse en mis oídos. En el nombre de Jesús siento un nuevo deleite y subo el volumen. Gracias a ese nombre, a esa simple palabra, el idioma deja de ser una barrera. A través del globo terráqueo, de los kilómetros y de los estilos de vida, compartimos la música, el amor y la salvación que solamente Jesús nos puede dar.

El nombre de Jesús. Tan fácil como para que un niño pequeño lo pronuncie. Tan simple como para ser exhalado por unos labios moribundos. Tan poderoso como para protegernos en cualquier tormenta a lo largo de nuestra vida. *Jesús*, "Dios salva", es la palabra más grande y poderosa que la humanidad jamás haya conocido. Es la última palabra que será dicha cuando esta tierra y su historia finalmente hayan concluido; cuando tú y yo nos reunamos en un lugar mejor.

> *"Por eso Dios lo exaltó hasta lo sumo*
> *y le otorgó el nombre*
> *que está sobre todo nombre,*
> *para que ante el nombre de Jesús*
> *se doble toda rodilla*
> *en el cielo y en la tierra*
> *y debajo de la tierra,*
> *y toda lengua confiese que Jesucristo es*
> *el Señor,*
> *para gloria de Dios Padre." (Filipenses 2:9-11)*

¿Qué hay en un nombre? Muchas cosas, en este caso. Hay esperanza en ese nombre. También hay poder, autoridad, valor y consuelo. Y sí, hay unidad. Pues juntos, en aquel día nos tomaremos de las manos, doblaremos nuestras rodillas, y rendiremos homenaje al más grande nombre en el cielo y en la tierra.

Preguntas para reflexionar

- ¿Cuál es el origen de tu nombre?

- ¿Es importante para ti tener un buen nombre? ¿Por qué?

Para estudio adicional: Lee Proverbios 22:1 y Eclesiastés 7:1. ¿Qué dice la Biblia acerca de un buen nombre?

¿POR QUÉ JESÚS NACIÓ DE UNA VIRGEN?

*I*magina el momento en que José y María vieron al Niño por primera vez. Sabían que era único: los ángeles lo habían anunciado y las profecías lo habían predicho. Jamás niño alguno había sido concebido en tal manera. Mientras aguardaban su nacimiento, probablemente se hayan preguntado qué aspecto tendría el Hijo de Dios. ¿Se darían cuenta de cuán singular era este nacimiento en la historia del mundo? ¿Podían comprender el extraordinario milagro de la manera en que el Hijo de Dios hizo su entrada divina? ¿Podemos comprenderlo nosotros?

El Niño llegó mediante un nacimiento virginal, una vía milagrosa utilizada únicamente en esta oportunidad; y no porque lo maravilloso de crear vida, en sí mismo, fuese algo totalmente nuevo. Ya en otras oportunidades, Dios había creado de diversas maneras a sus hijos. Creó a Adán sin tener que hacerlo mediante un padre y una madre; hizo a Eva partiendo solamente de un hombre; Caín, Abel y el resto de todos nosotros fuimos engendrados y nacimos mediante la reproducción humana natural; hasta produjo milagros para que concibieran mujeres estériles y de edad avanzada como Sara en el Antiguo Testamento y Elisabet en el Nuevo.

Pero el nacimiento de Jesús fue algo único e imprescindible. Él nació de una virgen, fue concebido completamente por la acción milagrosa del Espíritu Santo, usando a María como un recipiente para llevar a cabo el plan eterno de Dios. ¿Por qué eligió Dios hacer uso de una virgen en lugar de, por ejemplo, recurrir a la forma en que creó a Adán o inclusive a Juan el Bautista por medio de Elisabet y Zacarías?

La respuesta se encuentra en la identidad y la misión de Jesucristo. Aunque Jesús haya vivido entre nosotros como una persona completamente humana, también era completamente divino, una persona preexistente y eterna. Los padres humanos son temporales y limitados, y sólo pueden transmitir características limitadas. "Él estaba con Dios en el principio" (Juan 1:2). Él siempre ha existido y Él siempre existirá. Por lo tanto, como señala Oswald Chambers, Jesús nació *a* este mundo y no *de* este mundo. En ninguna manera es producto de la tierra, o de la unión de un padre y una madre humanos. Es en cambio, la persona eterna del Señor mismo; el Ser infinito que creó el universo y que adoptó la forma limitada de un ser humano.

Entre las herencias genéticas que habría recibido de dos padres humanos estaría la imperfección que es parte de la condición humana. Otra palabra para calificarla es *pecado*. Como cristianos, creemos que somos criaturas caídas. Eso quiere decir que llegamos a este mundo con una capacidad inherente para la corrupción.

Si Jesús hubiera ingresado a este mundo mediante la reproducción natural de los seres humanos, habría sido simplemente otro niño más de este mundo caído. Por lo tanto, Dios tenía que enviarlo por una ruta alternativa. El mensaje de Gabriel le indicó a María que Jesús sería un ser sobrehumano. Sería santo al nacer; no que llegaría a serlo mediante sus actos y elecciones, y sería llamado el Hijo de Dios. Jesús tenía que venir al mundo como un ser humano hecho y derecho. Sin embargo, si hubiera nacido como resultado de la "reproducción" de dos padres humanos no habría podido evitar la herencia de la naturaleza pecadora.

SI JESÚS HUBIERA INGRESADO A ESTE MUNDO MEDIANTE LA REPRODUCCIÓN NATURAL DE LOS SERES HUMANOS, HABRÍA SIDO SIMPLEMENTE OTRO NIÑO MÁS DE ESTE MUNDO CAÍDO.

Sabemos que para los seres humanos, nacer de una mujer virgen es imposible, aunque con Dios, todas las cosas son posibles. Cuando a María se le anunció que tendría un bebé, la primera pregunta que surgió era obvia:

"—¿Cómo podrá suceder esto —le preguntó María al ángel—, puesto que soy virgen?"
El ángel le contestó: "—El Espíritu Santo vendrá sobre ti, y el poder del Altísimo te cubrirá con su sombra. Así que al santo niño que va a nacer lo llamarán Hijo de Dios." (Lucas 1:34-35)

María era una simple doncella galilea, pero sabía que las vírgenes no podían tener bebés.

Las palabras clave en este pasaje son *cubrir con su sombra*. La idea en el idioma original es de una gran nube envolviendo a alguien. El pueblo de Israel siempre había usado esa metáfora para comprender la presencia misteriosa e innegable de Dios. Con toda su energía creativa, el Señor rodearía a María con su presencia y, milagrosamente, ella quedaría embarazada. El Espíritu Santo fue el lazo de amor que unió para siempre en una persona las dos naturalezas de nuestro Salvador, la divina y la humana. El Espíritu Santo produjo al Santo dentro del lugar secreto del vientre de María. Jesús ingresaría a él puro y perfecto, desde el reino inmaculado de la eternidad.

Además de que era necesario que Jesús no tuviera pecado, existen otras razones para que él naciera de una virgen. El plan eterno de Dios era que Jesús naciera para morir, que entregara su vida como sacrificio por todos esos pecados, por toda la corrupción, por toda rebelión y por todo el fracaso que caracterizan a nuestra condición humana en este mundo. Solamente alguien *perfecto* podía ofrecer su vida como sacrificio; cualquier otra vida sería simplemente una vida humana más. Sólo Dios es santo. Sólo Dios podría expiar el pecado del hombre mediante la muerte de su propio hijo.

Por otra parte Dios es espíritu y lo que es espíritu *no puede* morir. ¿Cuál era la única solución posible? Dios debía convertirse en hombre, pero debía mantener su pureza y perfección. ¿Y cómo podría hacer esas dos cosas a la vez, cuando la naturaleza humana es pecadora? Únicamente mediante el milagro del nacimiento virginal. Sería divinamente concebido y al nacer, retendría su perfección, pero sería humano en todo el sentido de la palabra. De hecho, estaría sujeto a las tentaciones que todos experimentamos. Solamente si resistía sería capaz de llevar esa vida perfecta, ese sacrificio digno al altar del Gólgota, al lugar de la cruz, para intercambiarla por nuestra libertad.

El milagro de su concepción es el apoyo preciso al milagro de su resurrección. Vemos en Cristo a alguien que fue plenamente humano en todo el sentido de la palabra, pero también vemos a alguien que llegó y partió de este planeta demostrando en forma contundente que él era el Señor de la naturaleza y no su sirviente. Llegó mediante el milagro del nacimiento virginal; se fue a través de los milagros de la resurrección y de la ascensión al cielo.

La llegada de Cristo es el acontecimiento central de nuestra historia, el evento más feliz y significativo que jamás podríamos imaginar. Es por eso que, así como el nacimiento virginal es digno de ser aceptado y celebrado; la crucifixión y la resurrección son dignas de reflexión, adoración y gratitud.

Además, el nacimiento virginal muestra el plan maestro de Dios, tal como fue dispuesto desde antes de la creación. Cada aspecto del santo nacimiento formó parte del hermoso plan diseñado por Dios para rescatar y redimir a sus hijos caídos. Aquí está su plan tal como lo predijo el profeta Isaías, quien reveló mucho acerca de la naturaleza, el carácter y la misión de Jesucristo:

> *"El Señor mismo les dará una señal: La joven concebirá y dará a luz un hijo, y lo llamará Emanuel." [que significa **Dios con nosotros**]. (Isaías 7:14).*

¡Cuán maravillosas son estas tres palabras: *Dios con nosotros*! Cuando Dios está con nosotros, lo infinito ha llegado a morar entre lo finito, lo perfecto entre lo imperfecto, y el mundo recibe la gracia de la presencia de Aquel que nunca podrá ser limitado porque ha rescatado a su propia creación.

ES NECESARIO QUE HAYA UNA NAVIDAD EN CADA CORAZÓN HUMANO: LO PERFECTO VINIENDO A MORAR EN LO IMPERFECTO, PORQUE NO PODEMOS HACER QUE ÉL O SU BONDAD NAZCAN EN NOSOTROS POR NUESTRO PROPIO ESFUERZO.

Finalmente, el nacimiento virginal es un milagro. Los milagros son formas por medio de las cuales Dios atrae nuestra atención. Ayudan a las personas a entender verdades que de otra manera no podrían. Jesús dijo de los milagros: "testifica que el Padre me ha enviado" (Juan 5:36). ¿Qué testifica este nacimiento milagroso?

En primer lugar, nos dice que con Dios, todo es posible. Desde el momento de la anunciación del ángel, el mensaje estaba claro: cosas grandiosas ocurrirían a través de la vida y de la persona de Jesucristo. El nacimiento virginal fue como una trompeta sonando desde el cielo, anunciando la llegada de un rey. Sí, ese rey sería un bebé, pero sería distinto a cualquier otro bebé porque "sus orígenes se remontan hasta la antigüedad" (Miqueas 5:2).

Nos dice que todo lo relacionado a Jesús era puro y santo. No había posibilidad alguna de que pudiera heredar mal carácter. Vivió toda su vida libre del pecado o de la rebelión inherente a los demás seres humanos.

La idea hebrea de la santidad era "apartar". Jesús fue apartado desde su concepción de una manera en que ninguna otra persona podría haberlo sido. Algunos han sugerido que el Espíritu Santo cubrió a María durante todo su embarazo, protegiendo al bebé de los efectos del pecado. Como comparación, Elisabet, la pariente de María, quedó embarazada milagrosamente, casi al mismo tiempo. Sin embargo, aunque Dios también intervino en el embarazo de Elisabet, este no fue un nacimiento virginal. Juan el Bautista tuvo dos padres biológicos y no hubo divinidad en su origen.

Al contemplar todas estas cosas, nos damos cuenta del milagro que debe ocurrir para cada uno de los que seguiríamos a Jesús. De la misma manera en que Él nació al mundo y no de él, Él debe nacer en nuestra vida. Cristo no vive naturalmente en cada creyente; Él debe invadir a la persona desde afuera, en la misma forma en que invadió al mundo. Es necesario que haya una Navidad en cada corazón humano: lo perfecto viniendo a morar en lo imperfecto, porque no podemos hacer que Él o su bondad nazcan en nosotros por nuestro propio esfuerzo.

Nosotros somos imperfectos pero Él es santo. Necesitamos que Él ingrese milagrosamente en nuestras vidas; tranquilo y silencioso tal como lo hizo en esa madrugada de Belén. Necesitamos saber lo que significa el 'ser limpios'. Necesitamos saber lo que representa el tener comunión con Dios. Sólo cuando Él, en toda su perfección y pureza, vive nuevamente en esta tierra a través de nuestra vida, obrando mediante nuestra humanidad, podemos comprender cuán maravilloso es que el Hijo de Dios pudiera nacer de una virgen; y aun así, amarnos a pesar de nuestras imperfecciones.

Preguntas para reflexionar

⊙ ¿Cuál de las cinco maneras que utilizó Dios para crear personas te parece la más sorprendente? ¿Por qué?

⊙ ¿Estás de acuerdo con la declaración: "La llegada de Cristo es el acontecimiento central de nuestra historia"? ¿Por qué?

Para estudio adicional: Lee Colosenses 1:15-17 y Hebreos 1:1-3. ¿Cómo demuestran estos pasajes la necesidad del nacimiento virginal?

Pregunta 13
¿POR QUÉ VINO JESÚS
COMO UN BEBÉ?

*E*n esos primeros instantes, silenciosamente, los nuevos padres contemplan con fascinación a su bebé. Examinan cariñosamente cada centímetro del rostro del bebé recién nacido.

Sin importar cuánto nos preparemos para ello, la realidad de un nuevo nacimiento siempre nos asombra. Anidado en nuestros brazos, se encuentra un nuevo miembro de la raza humana. Aquí está el futuro en persona, nuestro legado al mundo. Comprobamos que los ojos, la boca, las orejas revelan los parecidos familiares; nos maravillamos de lo delicado de su piel. Pero sobre todo, agradecemos en silencio a Dios una y otra vez por un regalo tan maravilloso.

¿Puedes imaginar con cuánto detenimiento habrán observado María y José al Niño que les nació en Belén? Su llegada había sido predicha no por los médicos sino por los ángeles. Si esos ángeles estaban en lo cierto (¿y por qué no habrían de estarlo?), aquí, a la luz de las estrellas, estaba el

Mesías que había sido el tema de poemas, canciones y sueños durante miles de años. El Mesías; tal vez la pareja haya tartamudeado tratando de pronunciar la palabra Mesías en voz alta. Era difícil de imaginar una personificación tan magnífica cuando miraban al bebé que dormía.

A fin de cuentas, todos pensaban (o creían saber) que el Mesías sería el máximo comandante militar. Llegaría a caballo, con la espada en alto, clamando por venganza y redención en nombre del Señor y de su nación preferida. El Elegido tendría la sabiduría de Salomón, el carisma de David, la piedad de Moisés y la inteligencia militar de Josué.

Pero aquí había un bebé, tan sólo un bebé. José y María tenían que reconocer que, a primera vista, era un bebé parecido a cualquier otro recién nacido. Lloraba en medio de la noche. Gritaba pidiendo leche. Necesitaba que le cambiaran los "pañales" a cada rato. Si este era un niño común como el de su prima Elisabet, ¿cómo podía ser aquel cuyos "orígenes se remontan hasta la antigüedad", como había declarado el profeta? ¿Cómo podía ser un bebé el Hijo de Dios?

O dicho de otra manera, ¿por qué debía ser el Hijo de Dios un bebé? La necesidad de la decadente y moribunda Israel era apremiante. Primero la influencia griega, y ahora la romana, estaban borrando día a día el legado de Abraham, Isaac y Jacob.

¿Por qué, realmente? ¿Por qué vino Jesús como un bebé?

Jesús es el Incomparable, porque fue a la vez plenamente humano y plenamente divino. Nada en su humanidad podría restarle mérito a su divinidad; nada en su divinidad podría restarle mérito a su humanidad. Y solamente porque esto es verdad pudo reconciliar al Padre celestial con sus hijos terrenales. Él es el hombre de ambos mundos; Él es el puente mediante el cual Dios llega a la tierra y las personas acceden al cielo.

Hemos visto que el nacimiento virginal es la señal de su *divinidad*. Él viene puro y limpio desde afuera a la tierra y no es de ninguna manera un producto de este mundo. Asimismo, en la misma forma, la infancia del Hijo es la señal de su *humanidad*. Él es uno de nosotros en todo sentido. Él viene desde el cielo con una perfección y divinidad de la cual ningún ser humano es capaz. Sin embargo, recorre totalmente el camino humano; algo que ni siquiera Dios en el cielo había emprendido. ¿Cómo podríamos nosotros seguir sus pasos como hombre sin haberlo visto gatear como un bebé? ¿Cómo podríamos creer que Él experimentó todas las tentaciones que nosotros enfrentamos, si se hubiera salteado los años más difíciles en los que precisamente luchamos para llegar a la madurez?

> ¿CÓMO PODRÍAMOS NOSOTROS SEGUIR SUS PASOS COMO HOMBRE SIN HABERLO VISTO GATEAR COMO UN BEBÉ?

Para cumplir a cabalidad el sacrificio en nuestro favor, Jesús tuvo que comprometerse por entero. Hubiera significado muy poco para nosotros si Él hubiera bajado del cielo ya crecido, bañado de gloria celestial, diciendo: "Aquí están mis manos y mis pies, pónganme en la cruz, que estoy dispuesto a morir."

En lugar de eso, lo vemos como un bebé en un pesebre.

Lo vemos en el Templo como un muchacho en el umbral de la madurez, ocupándose de los asuntos de su Padre. Vemos a María y a José, maravillados, tratando de comprender, mientras el Niño crecía "en sabiduría y estatura, y cada vez más gozaba del favor de Dios y de toda la gente" (Lucas 2:52).

Finalmente, lo vemos como un hombre joven, comenzando serenamente un ministerio que cambiaría la historia de la humanidad. Oímos los cuchicheos de sus vecinos: "¿No es acaso el hijo del carpintero? ¿No se llama su madre María; y no son sus hermanos Jacobo, José, Simón y Judas? ¿No están con nosotros todas sus hermanas? ¿Así que de dónde sacó todas estas cosas?" (Mateo 13:55-56).

Lo vemos en el desierto luchando con la tentación y con la cuestión de su destino, y sabemos, por ende, que Él es plenamente humano. Vemos su amor por los niños y podemos entenderlo porque Él también fue un niño. Luego, cuando esos toscos clavos perforan sus muñecas y sus tobillos, sabemos que siente el dolor que cualquier hombre sentiría. Sabemos que el precio de nuestros pecados está sobre la mesa, siendo cancelado en efectivo, no con cheques ni con un calendario de cuotas a largo plazo, sino con cada gota de sangre y con cada brutal latigazo. Hemos sido comprados por un precio que jamás habría podido pagarse si Él no hubiera aceptado todo el peso del pecado de la humanidad.

Si solamente hubiera sido Dios, su sacrificio hubiera sido manejable y poco convincente. Si sólo hubiera sido humano, su sacrificio no habría tenido poder y se hubiera convertido en un mártir más como tantos otros.

Pero Jesús era hombre y era Dios, y por esa misma

razón, era el todo en todo. Vino como un niño para confrontar y vencer cada desafío y cada tentación común a la humanidad. Le confiamos nuestra vida porque Él es Dios. Lo amamos de corazón porque sabemos que una vez fue un niño pequeño, envuelto en pañales, acostado en un pesebre.

Preguntas para reflexionar

- ⤷ ¿Por qué a la mayoría de nosotros nos fascina un bebé recién nacido?

- ⤷ ¿Es importante para ti que Jesús haya vivido su vida terrenal como un ser humano? ¿Por qué?

Para estudio adicional: Lee Hebreos 2:16-18. ¿De qué manera puede alentarnos el hecho de que Jesús viniera como un bebé?

¿POR QUÉ LOS PASTORES?

¿Qué prestigio tenía un pastor local en los tiempos del nacimiento de Jesús? Una línea en el libro del Génesis nos dice todo lo que necesitamos saber acerca de la posición social de los pastores.

José, un israelita que había obtenido progresivamente poder en Egipto, asesoró a sus hermanos sobre cómo ser aceptados. Los extranjeros no siempre eran bienvenidos. José aconsejó a sus hermanos que dijeran ante el faraón que habían sido criadores de ganado durante muchas generaciones. "Cuando el faraón los llame y les pregunte a qué se dedican, díganle que siempre se han ocupado de cuidar ganado, al igual que sus antepasados. Así podrán establecerse en la región de Gosén, pues los egipcios detestan el oficio de pastor" (Génesis 46:33-34).

De hecho, los pastores eran despreciados también en muchos otros lugares. El pastoreo era una ocupación que todos necesitaban y que nadie deseaba. Los hebreos en particular, valoraban el aseo y la pureza. La vida entre las ovejas implicaba pies cansados, largos turnos de trabajo y olores indeseables. Los osos y los leones vagaban en los páramos. Las ovejas solían deambular por ahí y el pastor era quien tenía que buscar a la oveja perdida en medio de peligrosos acantilados. Desde luego, ningún otro trabajo podía ser más solitario. No nos sorprende que David, el muchacho pastor a quien Dios transformó en rey, volcara su mente creativa a la poesía y a la canción. Un pastor tenía que pasar largas horas de una manera u otra.

Esto sugiere un pensamiento fascinante. En el caso de David, Dios convirtió a un pastor en rey; en el de Jesús, Dios hizo de un rey un cordero para el sacrificio. Por ende, Dios desbarata siempre las ecuaciones que nos inventamos para hacer funcionar a este mundo y sus costumbres. Él eligió Belén, no Roma o Atenas; ni siquiera Jerusalén. Seleccionó a Israel, un país oprimido que casi había olvidado su identidad. Prefirió campesinos como padres para su amado Hijo.

Luego, cuando el bendito acontecimiento tuvo lugar aquella noche en Belén, ¿quiénes fueron los que recibieron la invitación para dar la bienvenida al rey recién nacido? ¿Los emperadores del mundo? ¿Los sacerdotes y los profetas? ¿Los soldados y los eruditos?

Sí, es verdad que los sabios vinieron de una tierra lejana y trajeron preciosos regalos de oro, incienso y mirra. También es verdad que el cielo irrumpió en un coro de ángeles, adorando a Dios en el cielo de la noche. ¿Pero quiénes fueron las primeras visitas humanas? Este fue un honor reservado para lo más bajo de lo bajo, para los menos educados, los de manos campesinas, los despreciados por la burguesía local. Hombres de piel reluciente de sudor, cuyas ropas despedían el hedor del campo, carentes de los mínimos modales, que usaban lenguaje inapropiado a los oídos de los niños, que ganaban sueldos ínfimos y que difícilmente eran admitidos en cualquier institución respetable de la época; esa noche, ellos fueron los elegidos del cielo.

Sus nombres no quedaron registrados en la Biblia. Pero a pesar de ser unos desconocidos, honraron la lista de invitados para el momento más feliz que haya registrado la historia de la humanidad.

Los sabios son los favoritos de los artistas de las tarjetas navideñas y de los pintores a través de la historia. Nuestros ojos disfrutan de sus brillantes galas y de su pompa exótica. Nos cautiva el largo viaje que hicieron siguiendo a la estrella. Los regalos costosos son exactamente lo que esperaríamos y lo que cualquier rey merecería. Después de todo, ¿quiénes deberían asistir a una coronación real sino dignatarios extranjeros, trayendo opulentos regalos? Los sabios, no los ignorantes.

Sin embargo, como para establecer el tono de la vida completa y del mensaje de su Hijo, Dios invitó a una delegación de pastores para que fueran los primeros en ver, en adorar y en celebrar. Él convocó a hombres sencillos para que tomaran el camino humilde y a hombres sabios para que tomaran el camino importante, porque a partir de ese momento, todos los caminos conducirían al pesebre y al Hijo.

Aunque apenas tenía unos instantes o unas pocas horas de vida, a Jesús le habría agradado eso. Tres décadas después, Él entraría a los hogares de los despreciados cobradores de impuestos y de los pecadores conocidos. Este

ÉL CONVOCÓ A
HOMBRES
SENCILLOS PARA
QUE TOMARAN EL
CAMINO
HUMILDE Y A
HOMBRES SABIOS
PARA QUE
TOMARAN EL
CAMINO
IMPORTANTE,
PORQUE A PARTIR
DE ESE
MOMENTO,
TODOS LOS
CAMINOS
CONDUCIRÍAN AL
PESEBRE Y AL
HIJO.

maestro, a quien se le otorgó tan breve tiempo de ministerio en la tierra (apenas tres años), siempre tuvo tiempo para las multitudes necesitadas. Tocó a los leprosos con sus dedos y con su amor. Él habló de la grandeza de servir; de que el primero fuera el último. Él nos dijo que cualquiera que sirviera a uno de "estos pequeñitos" sería reconocido como si hubiera servido al mismo Jesús.

El Niño de la Navidad se convertiría en un hombre que reprendería a sus discípulos por no tener en cuenta a los niños. "Dejen que los niños vengan a mí," diría, tal cual su Padre había dicho un día: "Dejen venir a esos pastores."

Imagina el asombro en esa madrugada, para aquellos que tenían humildes manos campesinas. En un momento, los cielos estaban oscuros, y sus ánimos quizás también lo estuvieran. Al momento siguiente, los ángeles estaban ante su presencia, con noticias sorprendentes. Es probable que los pastores compartieran nuestras preguntas: ¿Por qué aquí? ¿Por qué nosotros? Ellos tuvieron mucho miedo.

Pero estos hombres sencillos siguieron las instrucciones sencillas que les dieron los ángeles. Recorrieron el camino hasta Belén y formaron parte de una experiencia que incontables generaciones de cristianos han envidiado. Al marcharse, le relataron a todo aquel que encontraron en el camino las cosas que les habían sucedido. Sus vidas nunca volverían a ser las mismas; el cielo jamás volvería a parecerles tan oscuro. Ahora sabían que mientras cuidaban de sus ovejas durante la noche, Alguien mucho más grande estaría cuidándolos a ellos.

Quizás al envejecer, sus mentes recordaran aquella extraordinaria imagen del cielo abriéndose ante sus ojos. Tan pronto como el primer ángel entregó su mensaje, apareció "una multitud de ángeles del cielo" (Lucas 2:13), todos alabando a Dios: "Gloria a Dios en las alturas, y en la tierra paz a los que gozan de su buena voluntad" (Lucas 2:14).

Esas palabras no serían olvidadas; no mientras esos pastores tuvieran vida y aliento. Los ángeles podían aparecérseles a ellos. A *ellos*. Y habría paz en la tierra para "los que gozan de su buena voluntad".

¿Quién hubiera dicho que Dios podía favorecer a un pastor?

Preguntas para reflexionar

- ¿Quiénes serían el equivalente de los pastores en nuestra sociedad? ¿Por qué?

- ¿Cómo reaccionas con esas personas, cuando se cruzan en tu vida diaria? ¿Qué podrías hacer para mejorar tu actitud?

Para estudio adicional: Lee Juan 10:1-11. ¿Qué otra razón podía haber para que el nacimiento de Jesús hubiera sido anunciado en primer lugar a los pastores?

¿POR QUÉ LOS ÁNGELES?

*L*as familias de todo el mundo disfrutan al decorar sus casas con adornos navideños de madera, cerámica o piedra. El momento nos resulta agradable y disfrutamos de tomarnos tiempo para colocar cada adorno y valorar su significado.

En el centro, por supuesto, están María, José y el niño Jesús en su pesebre. Los animales comparten su mansa presencia. Entrando al establo con vacilación, devotamente, llegan los pastores. Y detrás de ellos, aunque sabemos que llegaron más tarde, colocamos a los sabios con sus vestiduras multicolores, cargando sus regalos. Los camellos agregan una nota de interés y nos hacen sonreír.

¿Pero qué hay de los ángeles? Aportan belleza etérea y gracia a la escena, pero nunca estamos seguros de dónde ponerlos. Después de todo, deberían estar en el "cielo", sobre nuestro arreglo navideño, ¿no es así?

Tendemos a ubicarlos en la periferia de la escena, casi a la distancia. Sin embargo, los ángeles no pueden ser una ocurrencia agregada. Como la Biblia lo demuestra, ellos ocupan el centro mismo de esta espectacular historia. ¿Cuál es su rol en el gran acontecimiento, y cuál es la naturaleza de estos misteriosos agentes celestiales?

Quizás imaginas a los ángeles en túnicas blancas, con anchas alas llenas de plumas. Quizás hasta los representas con aureolas doradas. Esa imagen no viene de la Biblia sino de los pintores de la Edad Media y del Renacimiento. Estos artistas estaban desilusionados con el descubrimiento de que la Biblia guarda silencio en cuanto a la apariencia física de los ángeles. ¿Cómo describir lo indescriptible? Los artistas tuvieron que aportar su propia creatividad.

Lo que sí sabemos acerca del aspecto de los ángeles es que, si viéramos uno, muy probablemente sentiríamos terror. Como vemos en el Nuevo Testamento, las primeras palabras que por lo general pronuncia un ángel son: "¡No tengas miedo!" La gente no estaba acostumbrada a verlos, pero a medida que se acercaba el nacimiento de Cristo, la actividad angelical se incrementó considerablemente en la tierra de Judea. Observa a los siguientes destinatarios de visitas angelicales:

Zacarías, quien sería el padre de Juan el Bautista;
María, enterándose de que el Hijo de Dios nacería de ella;
José, a quien se tranquiliza y se le indica que proteja a María y la tome por esposa; y
Los pastores, impulsados a correr hacia Belén y adorar al Rey.

¡Y no olvides a los sabios! ¿Dónde estaba su ángel? Se nos dice que fueron "advertidos en un sueño" que Herodes, el rey, era peligroso y debía ser evitado. Tal vez fue un ángel el que habló en ese sueño, como en el de José. ¿Quién puede explicar las ocupaciones de los ángeles? Aparecen en los sueños o en tiempo real; aparecen en una manifestación temible, o lo hacen con el aspecto de personas comunes. Hebreos 13:2 nos dice que al mostrar hospitalidad, muchos, "sin saberlo, hospedaron ángeles".

Lo que importa es que los ángeles están atareados cumpliendo la obra de Dios. Muy a menudo, traen al pueblo de Dios mensajes de vital importancia. Pero también desarrollan otras tareas: servir a Jesús en el desierto o en el Huerto de Getsemaní; remover la piedra delante de su tumba; ¡y hasta ayudar a Pedro en su fuga de la prisión! (Ver Hechos 12:6-10).

El ángel que le habló a Zacarías fue reconfortante, como suelen ser, pero también fue un agente de disciplina: cuando Zacarías dudó, el ángel lo dejó mudo hasta el nacimiento de su hijo. Ese hijo, Juan el Bautista, cumpliría con una función tan importante en la vida de Jesús, que era necesario que su nacimiento también fuera anunciado como un milagro y por un ángel.

Gabriel, el mismo mensajero, fue quien visitó a María; él es uno de esos ángeles especiales de quien se nos dice el nombre. Por su parte, José se encontró con su visitante en un sueño, aunque el mensaje era de importancia similar. María necesitaba el apoyo que su esposo podía darle. En cada caso, los ángeles dieron instrucciones cuidadosas, las cuales fueron obedecidas por María y por José. ¿Por qué los ángeles? Porque difícilmente pasaríamos por alto los consejos de huéspedes tan espectaculares.

Luego estaban los pastores. Es conmovedor que esos

trabajadores marginados tuvieran su propia experiencia angelical. ¿Qué nos dice esto acerca de Dios? Él envió ángeles a María y a José con propósitos muy prácticos. Pero, ¿a los pastores? Sólo cabe la conclusión de que Dios es amoroso y está lleno de sorpresas. Él quiso que unos humildes campesinos asistieran al nacimiento, aunque no cumplieran ningún otro papel en la vida de Jesús.

NINGÚN ESPECTÁCULO DE FUEGOS ARTIFICIALES PODRÍA ESTAR A LA MISMA ALTURA. Y NADA PODRÍA HABER SIDO MÁS INESPERADO.

Vale la pena observar que los pastores disfrutaron de la más elaborada de las visitas angelicales. Primero se presentó el ángel mensajero solo, como era habitual. Él disipó el temor de los pastores, los invitó a Belén y les dio instrucciones específicas sobre cómo encontrar a la familia de Jesús. Pero entonces . . . "De repente apareció una multitud de ángeles del cielo, que alababan a Dios y decían: 'Gloria a Dios en las alturas, y en la tierra paz a los que gozan de su buena voluntad'" (Lucas 2:13-14).

Fue un espectáculo celestial como el mundo jamás había visto. Ningún espectáculo de fuegos artificiales podría estar a la misma altura. Y nada podría haber sido más inesperado. No había una "tarea" práctica de orientación para este increíble despliegue de las huestes celestiales, presentado a los ciudadanos menos importantes de la región. ¡Fue una manifestación espontánea de alegría! Un momento de sincera adoración que había comenzado en el cielo e irrumpió en nuestro mundo. En este momento, cuando los humildes pastores fueron invitados a la presencia del Hijo de Dios, ¿qué otra respuesta podía haber entre los siervos de Dios sino la de alegría y adoración?

Cuando culminó, se nos dice que los ángeles "se fueron al cielo". Afortunadamente, no para siempre. Volverían en muchas ocasiones.

Sin duda hay ángeles actuando en este momento, quizás en tu vida. Tal vez no los vemos, pero podemos seguir su guía. ¿De qué manera? Manteniéndonos ocupados con las tareas celestiales; hablándole a la gente de un Dios que está activo; y, de vez en cuando, estallando de alegría al presenciar el milagro de que Cristo vive en nuestro mundo.

Preguntas para reflexionar

- ¿Cómo crees que responderías si un ángel de Dios se te apareciera y te hablara? ¿Por qué?

- ¿Cuál de las varias apariciones angelicales en este capítulo es la más significativa para ti? ¿Por qué?

Para discusión adicional: Lee Hebreos 2:5-9. ¿Qué aprendemos acerca de Jesús y de los ángeles en este pasaje? ¿Qué significa esto para ti?

¿POR QUÉ LOS SABIOS?

*H*ay algo de mágico y de misterioso en la antigua imagen. A través del continente, sobre la arena del desierto, bajo las silenciosas estrellas, una caravana avanza con dificultad. En sus tierras lejanas, estos hombres leyeron las señales y los portentos en el cielo nocturno, y percibieron una increíble verdad que por muchos años muy pocos reconocerían.

Los recordamos como los sabios, o para llamarlos como en el Evangelio, los *magi*. De esa palabra deriva magos y ésta es una historia llena de asombro.

¿Quiénes eran estos visitantes de Oriente? ¿Qué estaban buscando y cómo encontraron lo que su corazón anhelaba? ¿Por qué se les hizo una invitación tan preciosa?

Las pinturas y la realidad parecen no coincidir. ¿Eran magos o monarcas, embajadores o astrólogos, tres reyes o tres sabios? Nos gusta imaginarlos con atuendos coloridos y exóticos, preferentemente con camellos. Durante siglos hemos especulado acerca de su identidad. No tenemos todas las respuestas, pero tal vez haya suficiente luz como para guiar nuestra búsqueda de los sabios de la historia. Como ellos, quizás podamos seguir esa luz hacia las respuestas que buscamos.

Primero fueron vistos en las proximidades de Jerusalén, haciendo preguntas. "¿Dónde está el que ha nacido rey de los judíos? —preguntaron—. Vimos levantarse su estrella y hemos venido a adorarlo" (Mateo 2:2).

Era frecuente ver forasteros en Jerusalén. La gente local habría reconocido a estos particulares visitantes como venidos de algún país de Oriente, probablemente de Persia o de Arabia. Su interés por las estrellas los habría señalado como astrólogos: los lectores de los cielos. Hubo un tiempo en que la mayoría de los israelitas habían sido desplazados en cautiverio a esas tierras lejanas, y la ciencia de las estrellas les habría resultado familiar.

Sin embargo estos visitantes habían viajado a Judea desde muy lejos. Un viaje largo y peligroso, siguiendo un punto de luz en el cielo. Esto era algo nuevo. De esa manera los sabios habían recibido una cuidadosa explicación de dónde hallar al rey recién nacido: *Belén*. Hacía muchos años el profeta Miqueas había vinculado a este pueblo con su futura importancia (Miqueas 5:2).

Mateo nos dice que la estrella apareció nuevamente, para deleite de los sabios. En realidad los condujo a la pequeña ciudad de Belén, donde hallaron a la modesta familia que buscaban. Hemos visto muchas ilustraciones coloridas de la escena que vino a continuación. Pero ¿son acertadas?

A través del tiempo, los pintores han disfrutado mostrando a los elegantes sabios adorando al recién nacido Jesús, cuya familia era demasiado pobre para tener una habitación, en la noche de la Navidad. Imaginamos a estos visitantes llegando inmediatamente después de los pastores. Pero esa idea jamás surgió de la Biblia.

Mateo nos relata que cuando los sabios llegaron, la escena no era el rústico lugar del nacimiento de la noche de Navidad, sino una *casa* (Mateo 2:11). Al parecer habían transcurrido algunas semanas e incluso meses y, para esa época, José y María ya habían instalado a su pequeña familia en una vivienda más adecuada.

Entonces, fue un poco después que llegaron estos tres . . . ¿eran tres? Tradicionalmente se han asociado tres nombres a estos sabios: Baltasar, Melchor y Gaspar. Pero en realidad fue siete siglos más tarde que se asociaron estos nombres a los misteriosos visitantes. No podemos estar seguros de los nombres ni de la cantidad. No obstante, sí sabemos el nombre y la cantidad de regalos, y estos sí fueron tres: oro, incienso y mirra. Tal vez hubo tres presentadores para los tres presentes.

Por lo tanto, así como seguramente los pastores tomaron el "camino más humilde" hacia el niño Jesús, tenemos a los sabios, quienes tomaron el "camino más importante". Un grupo vino de las inmediaciones, mientras que el otro se trasladó desde una larga distancia. Un grupo provenía del campesinado; el otro, de un entorno de riqueza y sabiduría. El uno llegó en esa misma noche inolvidable, el otro arribó poco tiempo después. Llegaron por diferentes caminos, pero se fueron con los corazones unidos. Los pastores regresaron a sus rebaños, alabando alegremente a Dios (Lucas 2:20). Los sabios, en cambio, regresaron "a su tierra por otro camino" (Mateo 2:12) después de otra señal: un sueño que les advirtió que el rey Herodes representaba una amenaza para sus vidas.

Allí, en esa ruta que se esfuma hacia el Oriente, nuevamente perdemos la pista de los sabios. Aparecieron misteriosamente y, también, misteriosamente desaparecieron.

LOS SABIOS REGRESARON A CASA POR OTRO CAMINO; ASÍ TAMBIÉN NOSOTROS.

Nos quedamos con muchísimas preguntas acerca de ellos. ¿En qué cambió su vida? ¿Qué les relataron a sus amigos en su tierra natal? ¿Qué se hizo de esos extraordinarios regalos?

Las obras teatrales, los festejos y las ilustraciones han ofrecido respuestas imaginarias. Pero las mejores preguntas, aquellas albergadas en nuestro corazón, están claramente respondidas en el breve boceto de estos sabios, que se encuentra en el Evangelio de Mateo.

Nos preguntamos, por ejemplo: *¿Quién podría buscar al Señor de señores?* Vemos, con gran gozo, que de manera similar son invitados pastores y jeques, ricos y pobres, vecinos y extranjeros.

Preguntamos: *¿Cómo podemos encontrar el camino?* Los sabios se guiaron por los cielos y por su corazón. Las glorias de Dios están escritas en el firmamento mismo; su voz nos llama desde nuestro interior. Los sabios fueron tras la luz de una estrella y Dios se acomodó a la limitada sabiduría de ellos y de la época. ¿Cuánto más grande es la sabiduría disponible para nosotros? Dios todavía nos invita y su invitación está escrita donde quiera que se posen nuestros ojos.

¿Qué regalos podemos traerle? Los sabios nos enseñan que la respuesta es: lo que tengas en tus manos. Los visitantes trajeron los regalos que les parecían más apropiados, aquellos que podían darle a cualquier emperador. Pero los pastores solamente llevaron su deleite y su adoración.

¿Dónde iremos ahora? Los sabios regresaron a casa por otro camino; así también nosotros. En la presencia de Cristo, todos los caminos son nuevos; todos los caminos conducen al hogar que el Hijo nos ha preparado. Cualquier regalo que podamos ofrecer languidece ante el resplandor del Regalo que se nos ha ofrecido.

Nosotros también podríamos ser mujeres y hombres sabios. Por lo tanto, continuemos en su senda, buscando la maravilla de un rey recién nacido:

> *Oh, estrella asombrosa, estrella de la noche,*
> *estrella con brillo de belleza real,*
> *que conduces hacia el Oeste,*
> *que sigues avanzando,*
> *guíanos hacia la perfecta luz.*

Preguntas para reflexionar

◌ ¿Cómo eliges regalos para otras personas, especialmente en la época navideña? ¿Qué te lleva a hacerlo de esa forma?

◌ Las otras personas que recibieron visitas de ángeles en la historia de la Navidad eran judías, mientras que los sabios eran gentiles. ¿Por qué crees que los sabios hicieron caso de las advertencias de los ángeles?

Para estudio adicional: Lee Isaías 60:1-3 y Hechos 26:22-23. En estos pasajes, ¿qué aprendemos acerca de las promesas de Dios a los gentiles?

¿POR QUÉ LA ESTRELLA DE BELÉN?

Estrella asombrosa. Estrella de la noche.

El cielo está lleno de estrellas. En el aire puro de la antigüedad podías verlas brillando de un extremo a otro del cielo. Pero una noche apareció una estrella que se distinguía de manera muy especial. Brilla para siempre en nuestro corazón como la estrella de Belén. ¿De qué se trataba ese simple punto de luz en el firmamento del Oriente? ¿Qué hizo que los sabios dejaran de lado todo lo que estaban haciendo, para emprender un viaje largo y peligroso, siguiendo una estrella brillante a través de los campos?

Ya vimos a los ángeles y los pastores, pero una estrella es algo que amplía los límites de nuestra discusión, ¿verdad? Pues ahora hemos ingresado al campo de la ciencia. Las estrellas son la especialidad de los astrónomos, quienes pueden brindarnos todos los datos y las cifras. Los científicos tal vez se apresuren a decirnos que las estrellas no se "mueven", hablando relativamente; que no se detienen sobre determinados pueblos y que están gobernadas por leyes físicas más que por la fe.

Pero la ciencia sólo nos cuenta una parte pequeña de cualquier historia. "En nuestro mundo," dice un niño en una de las Crónicas de Narnia, "una estrella es una enorme bola de gas en llamas." Su amigo más sabio le responde: "Aun en tu mundo, hijo mío, una estrella no es eso; éso es sólo de lo que está hecha."

LOS CIENTÍFICOS TAL VEZ SE APRESUREN A DECIRNOS QUE LAS ESTRELLAS NO SE "MUEVEN", HABLANDO RELATIVAMENTE; QUE NO SE DETIENEN SOBRE DETERMINADOS PUEBLOS Y QUE ESTÁN GOBERNADAS POR LEYES FÍSICAS MÁS QUE POR LA FE.

Por lo tanto, hay más en este cuerpo celestial que sus datos esenciales. ¿Qué podemos saber acerca de la estrella de Belén?

Por alguna razón, brilla solamente en el segundo capítulo de Mateo y no aparece en ninguna otra parte de la Biblia. El escenario es Jerusalén. Nuestros amigos los sabios son vistos allí un día, haciendo preguntas acerca de asuntos de política judía. Los visitantes, desde luego, no son judíos. Han venido con su pregunta a Jerusalén porque saben que es la capital religiosa y política de Judea.

"¿Dónde está el que ha nacido rey de los judíos?," preguntan los visitantes de Oriente. "Vimos levantarse su estrella y hemos venido a adorarlo" (Mateo 2:2). En medio del bullicio de los asuntos cotidianos, la pregunta seguramente hizo que se levantaran muchas cejas en una ciudad ocupada por los romanos. ¿Un rey judío? Una idea semejante era casi ridícula ante la presencia del ejército del César. Tal vez estos turistas llegaban varios siglos tarde.

Pero los sabios tenían una visión más cósmica. Ellos eran astrólogos. Procuraban entender los acontecimientos humanos a través de las constelaciones. Tenían el hábito de comparar los cielos con la literatura profética, inclusive las Escrituras judías. Esos pergaminos hablaban de un "Rey de los judíos" cuya llegada sería presagiada por una estrella.

Los sabios poseían una copia de esos rollos. Entre las escrituras más antiguas se encontraba esta referencia seductora:

> *Lo veo, pero no ahora;*
> *lo contemplo, pero no de cerca.*
> *Una estrella saldrá de Jacob;*
> *un rey surgirá en Israel. (Números 24:17)*

En esos días, aquellos que especulaban sobre las profecías entendían que las estrellas y los reyes estaban entrelazados por el destino. Un cetro era símbolo de realeza. Así que, para los sabios, no había nada ambiguo en esas palabras. Ellos venían a buscar a un gran rey, anunciado con el silencioso espectáculo de una luz brillante. Y si un rey de esa talla había sido anunciado por más de mil años, valía la pena viajar para verlo.

Eso explica la profecía. Pero, ¿Por qué esta estrella en particular, en un cielo lleno de ellas? Nos lo hemos preguntado durante siglos. La ciencia moderna promociona numerosas teorías para la luz especial que vieron aquellos sabios. El cometa Halley, por ejemplo, hizo una visita durante esa época. Júpiter y Saturno estaban alineados y se los veía como una "estrella" brillante en el año 7 a.C. Júpiter era considerado como portador de singular prestigio real. Otra teoría considera el hecho de que la constelación de Aries estaba asociada con Judea y las tierras gobernadas por Herodes, y que Júpiter y la luna estuvieron alineados en un brillante despliegue nocturno en la primavera del año 6 a.C.

Entonces, ¿Cómo es posible que los sabios estuvieran tan emocionados ante un común hecho astronómico? Y de ser así, ¿invalida eso la importancia de la estrella de Belén? ¡En absoluto! Recuerda las sabias palabras de Narnia: una estrella es más que una bola de gas encendido. Las constelaciones no sólo están gobernadas por las leyes de la física, sino por Aquel que las supervisa a cada momento. La estrella puede haber sido una luz que apareció un breve y esplendoroso instante en los cielos de Mateo 2. Puede haber sido una formación especial de luces y planetas que todavía disfrutamos. Puede haber sido un ángel más, un mensajero de Dios invitando a los visitantes de una tierra lejana para presenciar la Navidad. Lo que haya sido, condujo a los sabios directamente ante la presencia de Cristo, donde lo adoraron y le entregaron sus regalos.

Quizás la respuesta acerca de esta estrella es más maravillosa si permanece como un misterio sin resolver; un obsequio de Navidad que no será abierto hasta el día eterno cuando ya no existan los cielos nocturnos, y cuando todas nuestras preguntas sean respondidas. Es mucho más importante el *significado* de la estrella, pues su luz atraviesa las páginas del Evangelio, llamándonos a venir y adorar. Todavía es una estrella asombrosa. Es una estrella de la noche que nos cautiva con su silenciosa belleza y el maravilloso anuncio que trae con su brillo.

Amamos la estrella de Belén porque resplandece con el suficiente brillo como para que las personas de otra fe y otras tierras puedan unirse a nosotros en el pesebre. Brilló para los judíos, los griegos, los romanos, los árabes y para todo aquel que pudiera mirar hacia Belén. Domina el cielo nocturno, recordándonos que nuestra fe es lo suficientemente grande como para que el mundo pueda disfrutarla.

Esta estrella, *nuestra* estrella, atravesó las galaxias para recordarnos que la íntima historia de la Navidad, tan cercana y cálida como una madre y su bebé, está escrita en el lienzo más extenso. El pequeño Niño es el Señor de la Creación. La estrella nos conduce hacia la luz de su presencia. Y una vez que estamos allí; en comparación, hasta una estrella parece borrosa.

Preguntas para reflexionar

- ¿Colocas una estrella o un ángel en lo alto de tu pesebre navideño? ¿Por qué?

- ¿Crees que fue la fe o la ciencia lo que hizo que los sabios siguieran a la estrella? ¿Por qué?

Para estudio adicional: Cuando los sabios vieron la estrella (ver Mateo 2:10), se regocijaron grandemente. Lee Éxodo 18:9; 1 Reyes 5:7 y Hechos 16:25-34 para encontrar más ejemplos de gentiles que se regocijaron por la obra de Dios. Enumera cada ejemplo y di por qué se regocijaron las personas.

Pregunta 18

¿POR QUÉ ESTABA TAN FURIOSO EL REY HERODES?

*L*a provincia judía donde Jesús nació estaba bajo una doble maldición.

La primera, desde luego, era la ocupación del Imperio Romano. En el año 63 a.C., Pompeyo, el general romano, atormentaba a Jerusalén y reclamaba toda la región para Roma. Durante años hubo muchas facciones riñendo por la posesión de Jerusalén; y ahora eran los romanos quienes la controlaban firmemente.

La segunda amenaza estaba representada por Herodes, rey de los judíos. Es un nombre familiar en la historia de la Navidad. ¿Quién era Herodes exactamente, y qué papel cumplió en la llegada de Cristo?

Era el hijo de Antipas, que había sido nombrado procurador de Judea cuando los romanos ocuparon el poder. Pero en el año 44 a.C., el César había sido asesinado en Roma. Allí estalló una guerra civil, y cuando el humo se disipó, Marco Antonio quedó como uno de los ganadores.

Favoreció a Herodes hijo de Antipas, un medio judío, para que mantuviera el orden en Judea. Hasta el senado romano lo había llamado "Rey de los Judíos" en el año 37 a.C., como si eso tuviera mucho peso para el folclore local. En realidad no lo tenía en absoluto. Aunque contaba con el respaldo romano, Herodes tuvo que pelear durante treinta y tres años para consolidar su posición.

Mantener un imperio extenso era una tarea peligrosa. Mientras los romanos trataban de mantener el orden en casa y en muchas otras regiones, Herodes tenía que estar en guardia en su propio reducto de Medio Oriente. Cleopatra, desde Egipto, quería robar este patrimonio para su pueblo. Las facciones sirias y griegas estaban activas. Además, por supuesto, estaban los propios judíos, que odiaban a Herodes. Lo habían visto matar al sumo sacerdote y a muchos otros. Habitualmente asesinaba a cualquiera a quien considerara desleal.

Por eso, si bien Herodes había comenzado a reconstruir el Templo, en un movimiento calculado para ganarse el corazón de los judíos, estos seguían resentidos con él. Después de todo, ¿acaso no estaba construyendo templos para toda clase de dioses paganos? ¿No era simplemente un títere que representaba a Roma, cuyos soldados crucificaban a los campesinos sin otro propósito que la intimidación pública? ¿No les exigía impuestos atroces, con el aval de los romanos?

Herodes no tenía ninguna posibilidad de ser un gobernante apreciado, ni de ser reconocido por su propio pueblo como rey de los judíos. Nunca se sentaría en su trono sin echar una mirada furtiva hacia las sombras de la sala. Sabía que ante el menor cambio de viento en la política allá en

Italia, él sería derrocado y probablemente asesinado. Sólo sería necesaria una sublevación repentina para que los judíos rebeldes superaran todas sus medidas de seguridad.

No era bueno ser el rey, por más que Herodes el Grande luchara por mantener lo que tenía. No es sorprendente que padeciera de paranoia, además de una enfermedad física incurable. Mientras se acercaba el nacimiento de Cristo, él estaba en sus últimos días; era un hombre viejo sumergido en el dolor y la amargura. Mientras un oscuro campesino y su esposa embarazada se acercaban a la ciudad de Belén para el censo, el rey Herodes estaba a unos diez kilómetros, en Herodium, su soberbia fortaleza en lo alto de una colina, desde donde se veía a la Ciudad de David.

EL MISERABLE REY ESTABA PENSANDO EN LA MUERTE, EN EL MISMO INSTANTE EN QUE ALGUIEN ESTABA LLEGANDO PARA VENCERLA.

El miserable rey estaba pensando en la muerte, en el mismo instante en que Alguien estaba llegando para vencerla. Estaba haciendo los arreglos para su funeral, intentando (sin éxito) suicidarse, pasando la noche en vela, preguntándose quién vendría a usurpar su corona.

Fue en esos días de decadencia que los consejeros le informaron de un hecho interesante en la ciudad: unos visitantes del Oriente habían estado haciendo preguntas en Jerusalén. Querían saber dónde podían encontrar al Rey de los judíos. El rey, se les había dicho, estaba fuera de la ciudad en ese momento, descansando en su residencia privada, y no deseaba ser molestado.

"No, perdone," habrían dicho los visitantes. "Buscamos al *nuevo* Rey de los judíos, cuyo nacimiento nos ha sido revelado por medio de una estrella."

Quizás Herodes haya escuchado sobre la conmoción en Belén, sobre una mujer dando a luz en una cueva y los pastores adorando al niño. Aquello podía descartarse como una charla absurda durante el alboroto del censo romano. En cambio, se nos dice que en "toda Jerusalén" se comentaba la búsqueda de los sabios.

Herodes prestó atención. Si a esas alturas todavía le quedaba algún propósito en la vida, ese era el de extirpar de raíz a los herederos que aparecieran. Había estado haciendo eso durante años, y ya tenía sangre en sus manos: la de su propia esposa, la de su suegra, su cuñado, tres de sus hijos y cuarenta y seis sacerdotes, junto a una incalculable cantidad de otras personas. En un mundo de pobreza, él vivía en el palacio más rico, aunque podemos estar seguros de que era un ser miserable. Su corazón era oscuro, su alma estaba en ruinas, sus días estaban plagados de auto desprecio. Para él, ordenar otra muerte, o algunos cientos, habrá sido casi un acto reflejo.

Mientras tanto, a una corta distancia, otro Rey de los judíos ocupaba el áspero trono de un comedero de animales. Su legado no era la muerte sino la vida, no la miseria sino el gozo, no la avaricia sino la generosa entrega. En lugar de cargar en sus manos con la sangre de otros, la sangre del Rey sería libremente ofrecida para comprar el perdón de su pueblo. Mientras el trono de Herodes pronto sería reducido al polvo, Jesús reinaría para siempre.

Herodes intentó manipular a los sabios para que lo llevaran hasta el niño. Cuando eso falló, sencillamente decidió matar *a todos* los niños varones menores de dos años, para asegurarse de que había borrado la lista de candidatos para cualquier competencia futura. Esa conspiración también fue desbaratada. Herodes no tuvo en cuenta la posibilidad de que Dios, quien pone reyes y los derroca, podía estar trabajando según sus propósitos.

Herodes murió poco después. Se pueden visitar las ruinas de Herodium y ver el polvo de su legado. En cuanto a los sabios, regresaron a casa por otro camino.

¿Y el pequeño Rey en el pesebre? Él reina todavía en estos días, sabio, bueno, y amado por billones de personas. También puedes visitar su palacio. Está vivo y crece más hermoso cada día, a medida que los hijos llegan de a miles y diez miles para unirse a su reino celestial de vida y luz.

Preguntas para reflexionar

- Se dice que las personas suelen reaccionar con enojo cuando tienen miedo. ¿Estás de acuerdo? ¿Por qué?

- El nombre Herodes quiere decir "heroico". ¿Te parece que fue un héroe? ¿Por qué?

Para estudio adicional: Lee Jeremías 31:15 y Mateo 2:16-18. ¿Cómo se relacionan estos dos pasajes de las Escrituras?

¿POR QUÉ LOS SABIOS LE OFRECIERON REGALOS?

El Niño tendría casi dos años. La familia seguía viviendo en Belén. La ciudad estaba otra vez tranquila, y eso permitió que José y María mejoraran la calidad de su condición de vida con una pequeña casa.

Pronto la familia tendría que volver a mudarse, cuando un ángel les advirtió que se acercaba un peligro. Sin embargo, poco antes de esa visita inesperada, llegó otra. Tras golpear la puerta, aparecieron tres delegados de un país lejano. José, siempre protector, habrá desconfiado de esos visitantes vestidos de manera tan curiosa. Pero sus rostros eran amables y se veían ansiosos; sus miradas eran brillantes y reverentes. Decían que habían viajado durante varias semanas, gastando mucho dinero y corriendo grandes riesgos, para ver al Rey recién nacido.

Los pastores habían llegado la misma noche del nacimiento de Jesús. Pero precisamente cuando María y José se preguntaban por cuánto tiempo su niño especial seguiría siendo un secreto para el mundo, aparecieron estos hombres que declaraban que Jesús era el Cristo, el Mesías. El hecho de que no fueran judíos sugería que el niño era más que un Mesías *Judío*. Como dijera Gabriel, Él es el Hijo de Dios; por consiguiente, pertenece al mundo y el mundo le pertenece a Él.

Qué caravana tan vistosa habrán traído estos sabios, pues no viajarían solos semejante distancia. Habrán provocado un gran tema de conversación en Belén, tal como lo habían hecho en Jerusalén. En realidad, la pareja tuvo que partir en secreto hacia Egipto poco tiempo después, y al hacerlo, los regalos de estos sabios quizás hayan financiado el viaje.

EL MOTIVO DE SU BÚSQUEDA ERA ESTRICTAMENTE EL DE ADORAR, Y ADORAR A UN DIOS QUE PROBABLEMENTE NO ERA EL DE ELLOS.

¿Y qué decir sobre esos regalos? No sabemos los nombres de los sabios ni la cantidad de personas que integraban su delegación, pero sí se nos dice lo que llevaron. Probablemente María y José nunca olvidarían las costosas sustancias que habían puesto a los pies de su hijo. "Cuando llegaron a la casa, vieron al niño con María, su madre; y postrándose lo adoraron. Abrieron sus cofres y le presentaron como regalos oro, incienso y mirra" (Mateo 2:11).

El motivo de su búsqueda era estrictamente el de adorar, y adorar a un Dios que probablemente no era el de ellos. Este Niño era para todos, y los regalos revelaban tanto el carácter de los donantes como el de quien los recibía.

Imaginamos al primer visitante adelantándose y abriendo su pequeño cofre para revelar una visión que quitaba el aliento: *oro*. Ese regalo no necesitaba ser explicado. En todo el mundo, el oro era deseado como el más precioso de los metales; era la pauta con la cual se medían todas las demás riquezas. Por eso el oro es un regalo que simboliza la cualidad de la realeza. Solamente como partícipes de una revelación divina estos visitantes de un mundo pagano serían capaces de postrarse a los pies de un niño campesino, común como cualquier otro, en una pequeña aldea, y reconocerlo como rey. Sus antecedentes y el largo viaje mostraban su entrega. El oro como regalo era la prueba de su actitud de sacrificio.

John Henry Hopkins hijo nos entregó el himno clásico, "Los Tres Reyes", que describe cada uno de los regalos:

> *Ha nacido un Rey en la planicie de Belén,*
> *oro traigo para coronarlo nuevamente,*
> *Rey para siempre, sin cesar,*
> *sobre todos nosotros para reinar.*

El pequeño cofre de oro fue nuevamente cerrado y puesto a un lado del Niño, que quizás descansaba en el regazo de su madre, con los ojos bien abiertos ante el espectáculo. Se adelantó otro de los visitantes, esta vez para abrir un recipiente. Una deliciosa fragancia impregnó la habitación: el aroma del *incienso*, el segundo de los regalos. Este era un aceite sagrado, familiar a cualquiera que viviera cerca de Jerusalén. Inhalar su olor acre recordaba una visita al Templo. Al esparcirse la fragancia, sugería la presencia pura y hermosa de Dios entre la comunidad de creyentes. Su nombre significa *blancura* y simboliza la pureza.

Solamente los sacerdotes podían hacer una ofrenda de incienso, y solamente a Dios. Pero en Jesús, por supuesto, todos los hombres y las mujeres se convertirían en sacerdotes. Todas las personas podrían caminar audazmente hacia la presencia de Dios y no se necesitaría ningún templo. Si el oro era un regalo que manifestaba *majestad*, el incienso hablaba de *divinidad*. Tal vez María y José hayan temblado ante esta nueva sensación, el aroma del Templo en su humilde casa. Pero los ayudó a recordar que la presencia de Jesús debería causarles todavía más asombro.

> *Tengo incienso para ofrendar;*
> *incienso perteneciente a una Deidad cercana.*
> *Oraciones y alabanzas elevan todos los hombres,*
> *adorándolo a Él, a Dios en las alturas.*

Entonces llegó el tercer y último regalo. Mientras era abierto, tal vez María se haya sentido estremecida por un presentimiento. Parte del perfume del incienso quedaba cubierto ahora por el de la *mirra*. Este también le resultaba familiar.

La mirra era un aceite de unción para embalsamar a los muertos. Era el último olor asociado con un ser amado. Era el aroma del duelo. Los sabios lo trajeron porque, además de ser un precioso ungüento, era un regalo valioso en cualquier lugar. David había sido ungido por Samuel. Pero su aroma era ligeramente más amargo, y, para el judío común, era el mismísimo olor de la muerte.

Llegaría el día en que a Jesús le ofrecerían este regalo nuevamente, pero en esta última ocasión Él lo rechazaría. "Condujeron a Jesús al lugar llamado Gólgota (que significa: Lugar de la Calavera). Le ofrecieron vino mezclado con mirra, pero no lo tomó. Y lo crucificaron" (Marcos 15:22-24).

> *La mirra es mía. Su perfume amargo*
> *nos recuerda momentos de creciente tristeza:*
> *aflicción, suspiros, sangre, muerte,*
> *sellados en la fría tumba de piedra.*

Se nos dice que después de que los regalos fueron entregados, los sabios volvieron a su hogar por otro camino, por motivos de su seguridad. El Hijo también se iría a casa por otro camino. Pero Él elegiría la ruta más terrible. Hizo de sí mismo un regalo para todos nosotros, y luego regresó al hogar de su Padre. Ese regalo fue mucho más precioso que el oro o cualquier otra sustancia. Como nuestro Rey, nuestro Dios, y nuestro Cordero sacrificial, Él nos dio todo lo que tenía.

Preguntas para reflexionar

- ¿Cuál de los regalos de los sabios te gustaría recibir? ¿Por qué?

- Si hoy pudieras entregarle un regalo material a Jesús, ¿cuál sería? ¿Por qué?

Para estudio adicional: Mateo y Lucas, los únicos escritores de la Biblia que registraron el nacimiento de Jesús, también incluyeron otros incidentes paralelos en los Evangelios, aunque, al igual que en sus relatos del nacimiento, existan algunas leves diferencias. Lee Mateo 7:11 y Lucas 11:13. ¿En qué se parecen? ¿Y en qué se diferencian?

¿POR QUÉ NO TUVO JESÚS UN NACIMIENTO COMO EL DE UN REY?

*L*uego de ver la gran estrella en el cielo, los sabios viajaron a Jerusalén. Como hombres instruidos, sabían que este era el lugar más lógico donde podrían encontrar al rey hebreo.

Después de todo, Jerusalén había sido la ciudad capital en los días de gloria; era el lugar de residencia de la realeza. La ciudad estaba construida en lo alto de las colinas, como si presidiera el paisaje desde su trono natural.

En los primeros días de esta nación, poco después de alcanzar la tierra prometida, el pueblo de Israel había buscado directamente la conducción de Dios. Seguían a sus voceros y sus líderes, frecuentemente llamados jueces. La última y la mayor de todas estas figuras fue Samuel, quien escuchaba el incesante reclamo del pueblo: "Danos un rey que nos gobierne, como lo tienen todas las naciones" (1 Samuel 8:5). Contra su voluntad, el Señor le dio al pueblo lo que quería: un rey humano.

Inmediatamente los israelitas coronaron a Saúl, el guerrero más alto e impresionante que tenían. El experimento de tener un rey humano no funcionó, porque Saúl no alcanzaba las demandas espirituales para liderar a una nación. Sin embargo, David y Salomón fueron los siguientes reyes y, bajo su liderazgo, Israel se convirtió en una potencia mundial. Fue Salomón quien extendió el imperio y construyó el primer Templo.

Salomón era sabio, pero, fundamentalmente, era débil. Permitió la adoración a dioses falsos, y el reino comenzó a decaer. La nación se dividió en dos y se convirtió en una presa fácil para sus vecinos conquistadores, Asiria y Babilonia.

Pero ahora todo aquello estaba en el pasado. El único "rey" era Herodes, un títere de los romanos más que un príncipe de su pueblo. La realeza israelita se había degradado desde los días de David y Salomón. A no ser que uno verdaderamente confiara en las profecías, era fácil creer que todos los grandes reyes habían venido y se habían marchado.

¿De qué se trataba este Rey recién nacido, entonces, aquel cuya llegada había sido advertida por los extraños visitantes del Oriente? La estrella condujo a los sabios desde Jerusalén hasta Belén, donde había nacido el rey David. De todas maneras, la Navidad parecía cualquier cosa menos el nacimiento de un rey. Al menos David había nacido supuestamente en una casa, y su padre, Isaí, era acaudalado y tenía una gran cantidad de rebaños. También había estado Samuel para ungir la cabeza del joven pastor con aceite, el símbolo del favor y la unción de Dios.

En contraste, aquí había una pareja de campesinos y su pequeño hijo. Hasta María y José se habrán preguntado cómo un rey podía acceder al poder desde tan humildes orígenes. La pompa de un nacimiento real hubiera captado el interés del mundo.

Pero los caminos de Dios a menudo se oponen a nuestras expectativas. Jesús no llegó al estilo de un rey por muchas razones, de las cuales la más importante es simplemente que vino a trastocar al mundo y sus valores. Lo común es que en este mundo nuestro, los reyes nos gobiernen desde sus torres de marfil. Establecen jerarquías que se extienden desde el más poderoso hasta el más humilde. Jesús vino para hacer una declaración escandalosa: la verdadera grandeza se encuentra no en reinar sino en servir. Él construyó su reino con amor, no con poder. "Dichosos los humildes," enseñó, "porque recibirán la tierra como herencia" (Mateo 5:5).

¿Podría haber traído Jesús ese mensaje desde el ventanal de un palacio imponente? Claro que no. Jesús fue un rey incógnito, el más grande gobernante de todos los tiempos, con la apariencia de un pobre maestro itinerante. Muy pocos reyes tradicionales abrazaron a los leprosos o se mezclaron con lo más despreciado de la sociedad.

> JESÚS FUE UN REY INCÓGNITO, EL MÁS GRANDE GOBERNANTE DE TODOS LOS TIEMPOS, CON LA APARIENCIA DE UN POBRE MAESTRO ITINERANTE.

Segundo, Jesús vino para mostrarnos que el poder más grande no reside en lo externo sino en el corazón de cada individuo. Él dijo: "La venida del reino de Dios no se puede someter a cálculos. No van a decir: '¡Mírenlo acá! ¡Mírenlo allá!' Dénse cuenta de que el reino de Dios está entre ustedes" (Lucas 17:20-21). Mientras el poder fuera dominio exclusivo de quienes ocupaban los tronos, ¿qué esperanza quedaba para el pobre y el humilde? Jesús mostró que había una bendición al alcance de todo el que ama a Dios, pues Dios lo ama y Él posee el poder más grande.

Tercero, Jesús no podía nacer como un rey porque un rey nunca hubiera podido pagar el precio por nuestros pecados. Solamente debido a que Él renunció a todos sus derechos reales, estuvo en condiciones de someterse a la muerte que estipulaba su sacrificio en nuestro favor.

Pilato, el procurador romano, reconoció algunas de las tensiones de la cuestión de la realeza cuando interrogó a Jesús. Le preguntó si era un rey. La respuesta: "Mi reino no es de este mundo —contestó Jesús—. Si lo fuera, mis propios guardias pelearían para impedir que los judíos me arrestaran. Pero mi reino no es de este mundo" (Juan 18:36). A partir de entonces, los romanos se refirieron a Jesús como el "Rey de los judíos" mientras duró el juicio, para indignación de aquellos que querían matarlo. Y pusieron ese título en una placa y lo clavaron sobre su cabeza mientras derramaba su vida en la cruz.

Los guardias romanos se rieron de la idea de que un "rey" pudiera recibir la ejecución más despiadada e inhumana. Pero ese era el nudo de la cuestión: el más grande de todos los reyes fue Aquel capaz de descender hasta el nivel más bajo y levantar a cada uno de sus hijos hacia el cielo.

El nacimiento de este Rey tal vez no haya ocurrido en un entorno de opulencia según las reglas humanas. Pero cuando nuestro Señor finalmente se ponga de pie, manifestado en la gloria del mundo venidero, todos los gobernantes terrenales se inclinarán ante Él. Y en ese momento, ya no habrá grandes ni pequeños entre los mortales, no más príncipes ni campesinos, sólo aquel Rey eterno entre sus amados hijos adoradores, quienes estarán de la mano y a los pies de su trono.

Preguntas para reflexionar

- ¿Alguna vez has preparado un agasajo especial para alguna otra persona? ¿Cómo te arreglaste para hacerlo?

- ¿Cuándo recuerdas que haya sido el nacimiento del último príncipe o princesa? ¿Cómo te enteraste de ello?

Para estudio adicional: Lee 1 Samuel 24:16-20; 2 Samuel 2:1 y 2 Samuel 5:1-3 para ver cómo David llegó a ser rey. ¿Qué lecciones podemos aprender de la vida de David?

¿POR QUÉ NOS DESAFÍAN ANA Y SIMEÓN?

$\mathcal{E}$sta es una historia de fidelidad recompensada, un relato donde los finales felices se encuentran con las esperanzas iniciales. Sus personajes permanecen como al descuido a orillas de la historia de la Navidad, tal como fue en la vida real. Encontrar y disfrutar de este relato es descubrir un regalo más debajo del árbol navideño, precisamente cuando pensábamos que nuestra celebración estaba completa.

La historia empieza en el Templo de Jerusalén, uno de los lugares más atareados del mundo. Multitudes de sacerdotes pasan apurados, ocupándose de las tareas sagradas. Los peregrinos arriban de todos los puntos del planeta, ansiosos por ver el espectáculo y por adorar al Señor. Aquí, en el Lugar Santísimo, mora el Espíritu de Dios. Solamente aquí puede ser verdaderamente adorado, aquí escuchará plegarias y aceptará sacrificios.

Aquí, por supuesto, encontramos a muchos de los excéntricos locales. Cada monumento público tiene algunos.

Tendemos a ignorar a estos personajes, a hombres como Simeón.

Simeón viene aquí varias veces a la semana. Es llevado al Templo casi magnéticamente por su devoción a Dios. A través de décadas, Simeón se ha aferrado a una certeza: que antes de cerrarse para siempre, sus viejos y cansados ojos verán al Mesías. El Espíritu de Dios le ha susurrado esta promesa. ¡Imagínalo! Él, Simeón, contemplará al Elegido, y pronto. *Tiene* que ser pronto, porque ya está viejo y no aguantará mucho tiempo más.

Los amigos y los parientes han razonado amablemente con el viejo Simeón, pero él no presta atención a su escepticismo. ¡El Mesías vendrá! ¡Y él, Simeón, *lo verá!*

Durante años ha observado y esperado. Los sacerdotes ya no toman en cuenta su presencia. Para ellos, no es más que otro tonto equivocado. Déjenlo tener su fábula, porque esto le da algo a lo cual aferrarse.

Hoy Simeón no puede ocultar su sonrisa. Deja que la gente lo vea, pues hoy es el día en que el Espíritu de Dios le ha susurrado por segunda vez. El mensaje es: *¡Ve al Templo, viejo amigo!* Así que aquí viene, crujiendo al andar, jadeando para recuperar la respiración, taconeando su bastón sobre el piso lustrado.

Al llegar, Simeón da un vistazo a las actividades del Templo. Durante un rato no ve nada fuera de lo habitual. Es más, cuando la joven pareja arriba con su bebé, no ve nada raro. Pero él *sabe*.

La madre y el padre han traído al niño para su dedicación. Por ley, todos los primogénitos varones debían ser presentados a Dios. Este luce como cualquier otro bebé, pero Simeón siente esa cálida y plena sensación dentro de él nuevamente, esa seguridad que sólo puede venir del Espíritu Santo, que le otorga vislumbrar lo que no se ve con los ojos. Le dice a su corazón lo que anhela escuchar.

Simeón se apresura para llegar junto a la pequeña familia, aferrándose a su bastón con las dos manos. Los padres parecen sobresaltados por su interés, pero lentamente se relajan. José retrocede mientras María sonríe y amablemente le ofrece el niño a Simeón.

El anciano contempla en adoración al suave y vulnerable envoltorio en sus brazos. Una lágrima empieza a recorrer las profundas arrugas de sus mejillas. Cuando levanta al niño con sus manos temblorosas, sostenido por José, las palabras comienzan a fluir de sus labios. Brotan con tanta efusión que se convierten en un canto, y todos en el Templo se detienen a escuchar:

> *Según tu palabra, Soberano Señor,*
> *ya puedes despedir a tu siervo en paz.*
> *Porque han visto mis ojos tu salvación,*
> *que has preparado a la vista de todos los*
> *pueblos:*
> *Luz que ilumina a las naciones y gloria de tu*
> *pueblo Israel. (Lucas 2:29-32)*

En aquel día, los peregrinos, los sacerdotes y los transeúntes miran a Simeón como si lo vieran por primera vez. Sus palabras melodiosas contienen un poder y una autoridad que nadie ha imaginado, especialmente cuando le devuelve delicadamente el bebé a su madre. Mientras Simeón lo hace, es como si una nube hubiera borrado el resplandor que había en el rostro del anciano.

Simeón está hablándole con solemnidad a María, y solamente aquellos que están a pocos pasos pueden escucharlo.

Le dice que el Niño será amado por algunos pero rechazado por otros; que será capaz de sacar a la luz la verdad en cada criatura humana. Su último comentario profético le provoca a la madre un temblor visible.

EL FELIZ MENSAJE VIENE A TRAVÉS DE CANALES QUE NADIE ESPERABA, NO A TRAVÉS DE LOS SACERDOTES O DE LOS PREFERIDOS DE LA MULTITUD, SINO POR MEDIO DE DOS VIEJAS Y OLVIDADAS RELIQUIAS DE LOS BUENOS TIEMPOS DE LA RELIGIÓN.

Y en ese momento comienza la segunda parte de la historia. Una mujer aparece en escena y comienza a adorar a Dios en voz alta. Todos los "vecinos" la conocen: es Ana, que tiene ochenta y cuatro años y se la considera una profetisa. Algunos, como Simeón, frecuentan el Templo; Ana jamás lo deja. Durante años este lugar ha sido su mundo, y la gente siente que nadie podría estar más cerca de Dios que alguien que ha vivido durante tantos años en la íntima proximidad del lugar más santo de la tierra.

Se dice que Ana estuvo casada alguna vez. Pero su esposo murió antes de que la mayoría de esas personas allí siquiera hubieran nacido. ¿Cuántas dedicaciones de primogénitos habrá presenciado? ¡Pero nunca ha reaccionado de esta manera! Lo que Simeón parece saber, ella lo anuncia efusivamente. Está diciéndoles a todos en la sala que el Mesías ha llegado. Habla sobre la futura tarea de Jesús: ¡Dios mismo, el Señor de señores, está hablando por medio de esta mujer anciana y marchita! María y José están sonriendo nuevamente, hasta ríen. Simeón también está riendo, y sollozando.

Por muchos años, la gente recordará este singular día en el Templo. El feliz mensaje viene a través de canales que nadie esperaba, no a través de los sacerdotes o de los preferidos de la multitud, sino por medio de dos viejas y olvidadas reliquias de los buenos tiempos de la religión.

A ellos les resulta fácil, porque han sido fieles. Y un mensaje más resuena a través de esta historia navideña llena de mensajes: el hecho moral de que Dios premia la fidelidad. El Niño Jesús es un regalo para todos, tanto en el pasado como en el futuro. Pero aquellos que lo conocen bien te dirán que algunas de las alegrías más grandes son concedidas a los siervos fieles y sabios que nosotros pasamos por alto.

Preguntas para reflexionar

- ¿Puedes pensar en una persona que haya demostrado paciencia y responsabilidad excepcionales? ¿Quién es? ¿Por qué lo es?

- ¿Qué harías si alguien le prestara tanta atención a tu hijo recién nacido? ¿Por qué?

Para estudio adicional: Cada uno de los siguientes textos da una promesa para aquellos que son fieles. Lee cada pasaje e identifica la bendición de que habla: Proverbios 28:20; Colosenses 1:2; 2 Timoteo 2:11-13 y Apocalipsis 2:10.

¿POR QUÉ CELEBRAMOS LA NAVIDAD EL 25 DE DICIEMBRE?

A menudo pensamos en la Natividad como la "primera Navidad". ¿Pero lo fue? Depende de lo que queramos decir con la palabra Navidad.

Si nos referimos al nacimiento de Cristo, entonces ese día es la primera Navidad. Pero eso no es lo que realmente significa la palabra "Christmas" (término que designa a la Navidad, en inglés). Deriva de un término del inglés antiguo, "Christemasse", la "Misa de Cristo", o el servicio de adoración a Cristo.

Pero esa celebración, ¿coincide con su verdadera fecha de nacimiento? Nadie puede saberlo con certeza. Durante cientos de años los eruditos han intentado armar este rompecabezas. Lo que sí sabemos es que Jesús nació en una fecha cercana al año 4 a.C. (Sí, es sorprendente cuando tenemos en cuenta que "a.C." quiere decir "antes de Cristo"; ocurre que cuando nuestro calendario vigente fue organizado, se había producido un error de varios años.)

¿Nació Jesús en la "desoladora mitad del invierno"? Es posible. Algunas teorías interesantes señalan su nacimiento en la fecha exacta que nosotros designamos. Sin embargo, otras mencionan el hecho de que los pastores estaban cuidando sus rebaños en la noche, como nos cuenta Lucas. Esto sugeriría una fecha de primavera; aunque si se trataba de ovejas del Templo, destinadas a ser usadas como sacrificio, podrían haber estado durante todo el año en las laderas de las colinas. Los primeros líderes cristianos, que vivieron apenas uno o dos siglos después de Jesús, honraban la fecha del 25 de Marzo, que corresponde al equinoccio, un día importante para los antiguos granjeros.

Pero, ¿por qué no celebraban los primeros cristianos el nacimiento de su Señor desde el comienzo? Las "festividades" oficiales tienden a establecerse sólo cuando se vuelven una tradición. Además, no todos los primeros líderes cristianos estaban a favor de institucionalizar su fe. Orígenes, un teólogo de los primeros tiempos de la iglesia, se manifestó en contra de celebrar el nacimiento de Jesús, allá por el año 245 d.C. Los pecadores, no los santos, celebran los cumpleaños, decía él.

Pero a medida que pasaban los años, el 25 de marzo quedó como un punto central del calendario. Durante la Edad Media se estableció como la fecha para la Fiesta de la Anunciación. Conmemoraba la visita de Gabriel a María, anunciándole las maravillosas noticias del nacimiento de Cristo. A los pintores medioevales y renacentistas les encantaba pintar esa escena, con el magnífico ángel de pie ante María.

A lo largo de los tiempos medioevales, a medida que las tradiciones de la iglesia continuaron asentándose, la gente quería festejar la Navidad. Era lógico que tal fecha fuera nueve meses luego de que Gabriel hiciera su anuncio, que se conmemoraba el 25 de Marzo. Hicieron las cuentas y resultó el 25 de diciembre, que era el solsticio del invierno. Por lo tanto, el 25 de diciembre se convirtió en la fecha tradicional para celebrar la Misa de Cristo.

Hubo otros factores que influyeron para relacionar la Navidad con el 25 de diciembre. La fecha era frecuentemente utilizada para los banquetes y celebraciones romanas. Al principio, los romanos y los cristianos tenían poco en común. Pero para la época de Constantino, esas dos identificaciones se convirtieron casi en sinónimos. En Occidente, la cristiandad era la "iglesia romana". Era inevitable que, así como las influencias cristianas se propagaban en el territorio romano, las influencias romanas lo hicieran en la cristiandad.

Finalmente, el 25 de diciembre se convirtió en lo que es actualmente: un día festivo que mezcla lo sagrado con lo profano. En la época de Constantino se honraba a la deidad romana Mitras, coincidiendo con la celebración del nacimiento de Cristo; hoy en día, la adoración a Dios compite con los "dioses" modernos de los deportes y el materialismo. Existe una tensión perpetua entre los elementos cristianos y no cristianos que reclaman nuestra atención durante el último mes del año.

Por otra parte, no tenemos que preocuparnos por Mitras; la adoración a ese dios apenas si sobrevivió al emperador Constantino. Las antiguas y paganas fiestas romanas desaparecieron. A su tiempo, el hecho del nacimiento de Cristo dio su nombre a la festividad: *la Navidad*. Los líderes cristianos resolvieron utilizar este período del calendario anual para enfatizar que Cristo fue plenamente humano y plenamente divino.

En el año 336 de nuestra era, ya había celebraciones navideñas en Roma. El Niño, que había llegado tan silenciosamente a un establo en Medio Oriente, había conquistado la capital del gran imperio en sólo tres siglos. Con cada Navidad que llegaba y pasaba, continuaría moviéndose por todo el mundo, sanando, enseñando y cambiando corazones. Su voz sería escuchada y su ministerio llegaría a dondequiera que fueran sus seguidores. Los que en verdad viajaban. Los seguidores de Cristo colonizaron las tierras más lejanas de Europa Occidental, luego fueron a través del Atlántico a América del Norte, luego a África y a Sudamérica, al corazón de China y a cualquier lugar donde habitaran personas y necesitaran un Salvador.

Hoy, cada 25 de diciembre, puedes escuchar los villancicos navideños en cada lugar habitado, tanto al Este como al Oeste. Escucharás los cánticos en mil idiomas y dialectos. La amada historia de la Navidad será contada una y otra vez, desde la visita de Gabriel hasta la traición de Herodes. Los niños representarán a los pastores y a los sabios. Los especiales de la televisión y las tapas de las revistas volverán a preguntar: "¿Quién era el hombre de Nazaret que vivió hace dos mil

EL NIÑO, QUE HABÍA LLEGADO TAN SILENCIOSAMENTE A UN ESTABLO EN MEDIO ORIENTE, HABÍA CONQUISTADO LA CAPITAL DEL GRAN IMPERIO EN SÓLO TRES SIGLOS.

años y que todavía inspira tanto amor y obediencia?" Tal como lo desearon esos primeros líderes de la iglesia, apartaremos este tiempo para meditar juntos acerca de cómo Dios se hizo humano y cómo los humanos volvieron a Dios.

Nos encantaría saber exactamente qué día y qué año marcaron el nacimiento, qué latitud y longitud marcaron el establo, de qué país provenían los sabios, qué número de ángeles poblaron los cielos y qué galaxia albergó a la estrella de Belén. Pero lo cierto es que nos damos cuenta de que sabemos todo lo que necesitamos saber. Después de todo, el momento del nacimiento de Cristo es ahora, en este mismo instante, dentro de cada uno de nosotros. Él sigue sonriéndonos desde el tosco pesebre de nuestras almas, cada vez que sentimos su amor, y especialmente cuando regalamos ese amor.

¿Y el 25 de diciembre? Es un día tan bueno como cualquier otro. Es un "día de encuentro" en el que podemos sentir que todo el mundo se inclina ante el Rey. Pero todos los otros días del año son también Navidad. Esa es la medida de su gran regalo para nosotros.

Preguntas para reflexionar

- ¿Cuál es tu tradición navideña favorita? ¿Por qué?
- ¿Es relevante para ti que la verdadera fecha de nacimiento de Cristo sea distinta a la del 25 de diciembre? ¿Por qué?

Para estudio adicional: Lee Romanos 5:1-11. Enumera los abundantes regalos que recibimos como consecuencia de nuestra fe en el nacimiento de Jesús y su vida de sacrificio.

Mientras la luna iluminaba la copa de los árboles y la brisa nocturna refrescaba su rostro, María descansaba en silencio, reponiendo fuerzas. Observaba maravillada el pequeño regalo vivo en sus brazos. Cualquier niño, desde luego, es un milagro celestial, especialmente un primogénito.

Sin embargo, María comprendía que el niño que había tenido era diferente a cualquier otro. Ella sabía lo que el ángel le había dicho y su corazón confirmaba: *Aquí, contra mi pecho, está el Hijo de Dios*. Esas habían sido las palabras exactas, la designación misma que el ángel le había dado: "*Hijo de Dios*" (Lucas 1:35).

Aún así: *¿Por qué?*

Podemos imaginar a José de pie, lleno de orgullo, al lado de su esposa. Estaría atento, en guardia, como hacen los padres. Habrá mirado las nubes iluminadas por la luna y reflexionado en sus propios misterios. La información suministrada a la pareja había sido muy limitada. ¿Qué estaba haciendo exactamente el Señor en este pequeño pueblo, en esta noche tranquila, en esta oscura provincia? Cuando Dios invade los asuntos humanos, la tierra misma debería temblar. Pero aquí había una escena que uno podía encontrar en cualquier parte del mundo: una madre, un padre y un bebé.

¿Por qué estaba el cielo tan absorto en una escena tan convencional?

José hizo lo que nosotros hubiéramos hecho. Repasó una y otra vez lo que él había experimentado. Escudriñó cuidadosamente las palabras de su visitante angelical. El mensajero había dicho: "Le pondrás por nombre Jesús, porque él salvará a su pueblo de sus pecados" (Mateo 1:21).

Es poco probable que uno olvide las palabras de los ángeles. Son memorizadas, recordadas, grabadas en el corazón, y compartidas sólo con los amigos más íntimos. María y José, cada uno, habían sido visitados por un ángel, y cada uno guardaba su pieza del rompecabezas. A María se le había dicho quién sería el bebé, mientras que a José se le había informado lo que haría.

Mientras el niño crecía en sabiduría y estatura, ¿podemos dudar que sus padres compartieran con él las palabras del ángel una y otra vez?

Eres el Hijo de Dios.

Tú salvarás a tu pueblo de sus pecados.

¿Qué edad habrá alcanzado el niño antes de que se le confiaran tales misterios? El Dios del cielo, la fuente de los mensajes, seguramente los guió en cada etapa del camino. La voluntad de Dios llegó a Jesús por medio de ángeles; después, de sus padres, y luego, de los encuentros del propio joven con su verdadero Padre.

No es sorprendente, entonces, que en los Evangelios encontremos a un hombre joven hablando con frecuencia de su misión. Las primeras palabras que se registraron de Él, fueron las que dijo a sus padres: que debían aceptar que Él se ocupara de los asuntos de su Padre (Lucas 2:49).

Lucas narra que ellos no entendieron sus palabras. ¿Cuáles eran los asuntos de su Padre? ¿Quién era este muchachito con el cuerpo de un chico de doce años y una sabiduría eterna? Podemos imaginar las conversaciones susurrantes entre María y José, tarde en la noche. ¿Por qué había venido Jesús? ¿Y cuando llegara el momento, como sucedería inevitablemente, a dónde iría Él? ¿Qué haría? ¿Comprendería el mundo el increíble secreto guardado entre el cielo y una pequeña familia?

HABRÁN EXISTIDO MOMENTOS EN LOS QUE LAMENTÓ PERDER LA OPORTUNIDAD DE UNA VIDA SENCILLA, UNA VIDA COMÚN, CASARSE Y TENER HIJOS Y NIETOS, QUE SABÍA NO ERA PARA ÉL.

Cuando el día del cumplimiento llegó, tres décadas después de su nacimiento, Jesús había dedicado muchos años a luchar con la identidad revelada a María y la misión que le habían anunciado a José. Podemos imaginar que conversaba a menudo con ambos. Habló con los maestros locales. Reflexionó sobre las palabras de los profetas hasta que estas llegaron a ser parte de su ser. *Soy aquel que Isaías describió hace tanto tiempo.*

Habrán existido momentos en los que lamentó perder

la oportunidad de una vida sencilla, una vida común, casarse y tener hijos y nietos, que sabía no era para él. Pero su corazón era fiel. Cuando supo que era el momento, se marchó solo hacia el desierto, privándose de comida y de agua. En ese lugar, aislado, comprendió cabalmente su identidad y misión. Enfrentó las tentaciones del diablo y las venció.

Cuando apareció en público, encontramos que Jesús estaba constantemente respondiendo a la gran pregunta: ¿por qué había venido? En trece ocasiones en los breves registros de los Evangelios, usó la frase: "He venido . . ."

He venido a llamar . . . a los pecadores (Mateo 9:13)
He venido en nombre de mi Padre (Juan 5:43)
He venido . . . para hacer la voluntad de Dios (Juan 6:38)
Yo vengo de parte suya, y él mismo me ha enviado (Juan 7:29)
He venido como una luz para brillar en este mundo en tinieblas (Juan 12:46)

Si el registro escrito es algún indicio, ningún sentido de misión había brillado tanto con anterioridad. La gente común nunca habla de "venir" a este mundo; este mundo es nuestro *hogar*. Jesús empleó el lenguaje de un invitado. Habló con el lenguaje de un embajador en una misión breve pero urgente.

Quizás la declaración de propósito más conmovedora surgió el día que encontró a un hombrecito llamado Zaqueo. Este era un hombre de riquezas y distinción. Aunque Jesús estaba de paso por la ciudad, el hombre se adelantó a la multitud y trepó a un árbol. Su falta de pudor era impactante, pero de todas maneras la gente evitaba mirarlo. Después de todo, había hecho su fortuna usando el corrupto sistema impositivo de Roma. La sabiduría tradicional indicaba que un maestro noble de vida piadosa debía ignorar a semejante parásito público.

Pero imagínalo: Jesús lo llamó por su nombre, luego le sugirió que compartieran una comida en la casa del cobrador de impuestos. A los ojos de la multitud, Jesús había dado un mal paso, y se lo hicieron saber. Jesús respondió: "El Hijo del hombre vino a buscar y a salvar lo que se había perdido" (Lucas 19:10).

A buscar y a salvar lo que se había perdido. Hay música y majestuosidad en esta declaración. Un enfoque: *lo perdido.* Dos acciones: *buscar y salvar.* La tarea urgente del embajador, entonces, es una misión de rescate.

Buscar y salvar. Pensamos en imágenes de marineros aferrándose a los restos de un barco. Los helicópteros rondan en el cielo nocturno, alumbrando el mar con sus reflectores, en busca de posibles sobrevivientes. Pensamos en una mina derrumbada, donde los trabajadores han quedado atrapados. Tienen poco oxígeno y los hombres se acurrucan en la oscuridad, preguntándose si les queda alguna esperanza de ser salvados. Pensamos en una niñita en el fondo de un pozo. O en la imagen familiar de una oveja perdida, atrapada en un peligroso barranco. Una oveja de un rebaño de muchas ovejas, ¿quién la notaría? El pastor. Dejaría al rebaño para encontrar a esa oveja, a cualquier costo.

El guardacostas encontrará a esos tres o cuatro navegantes perdidos, y a ningún contribuyente le parecerá un despilfarro. Los mineros no quedarán abandonados y la niñita volverá a ver la luz del sol. Esas situaciones son urgentes y cuando nos encontramos con ellas en la pantalla de nuestros televisores, todos nos detenemos, oramos y esperamos.

Cuando los bomberos de Nueva York corrían entre los escombros del World Trade Center, no se detuvieron a calcular los riesgos. Siguieron adelante, dispuestos a pagar el precio más alto que una vida puede demandar. La idea del rescate está en el centro de nuestro ser.

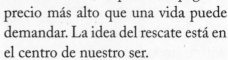

CUANDO LOS BOMBEROS DE NUEVA YORK CORRÍAN ENTRE LOS ESCOMBROS DEL WORLD TRADE CENTER, NO SE DETUVIERON A CALCULAR LOS RIESGOS.

Pero la verdadera tragedia es más grande que los acontecimientos ocasionales. Ahora, como siempre, el mundo yace en medio de sus propios escombros, en el dolor y la oscuridad que se produjo a sí mismo. El enemigo más grande es la fuerza irresistible en nuestro interior, aquello que la Biblia denomina *pecado*. Somos conscientes de su control sobre nuestra vida. Sabemos que su propósito es el de nuestra destrucción. Y aun así nos hacemos esclavos de él de todas las maneras posibles. Nadie tiene el poder necesario para superar los lazos del pecado. Por lo tanto, la ruina de nuestra condición caída nos rodea por completo. El deterioro lo invade todo. Los billones de habitantes de nuestro mundo anhelan ser rescatados, aunque a menudo ni siquiera sepan qué anhelan.

Entonces, una luz resplandece en la oscuridad. Un faro atraviesa nuestra desesperación.

Es Jesús. Se pone de pie en medio de nosotros y dice:

"He venido a buscar y a salvar lo perdido, a encontrarte y a restaurarte."

La palabra *evangelio* significa "buenas noticias", y esa es en realidad una expresión muy atenuada. Las noticias son tan buenas, tan colosalmente maravillosas, que al mundo le cuesta creerlas. *Se ha descubierto una cura para el pecado de todos nosotros.* La muerte ahora tiene una alternativa, y la alternativa será tan buena que, el día que la experimentemos, nuestras débiles mentes no podrán contener la alegría que entraña.

Pero se pone todavía mejor.

Jesús hizo otra afirmación de las "He venido". La razón fundamental es la misión de rescate. Luego Jesús mencionó un segundo objetivo: "Yo he venido para que tengan vida, y la tengan en abundancia" (Juan 10:10). Cuando dijo esas palabras, estaba hablando nuevamente sobre ovejas. Dijo que un falso pastor simplemente usa a las ovejas, mientras que el verdadero pastor las ama de tal manera como para entregar su vida por ellas. "No he venido solamente para rescatarlos," estaba diciendo, "sino para ayudarlos a descubrir las posibilidades maravillosas que la vida puede tener. Quiero que expriman hasta la última gota de alegría de esta vida. Y si no hubiera venido a mostrárselo, nunca lo hubieran sabido."

A María se le había anunciado que su niño sería el Hijo de Dios. A José, que este niño salvaría a su pueblo de sus pecados. Esas eran las dos declaraciones más grandes acerca del bebé. ¿Pero cómo hubieran podido explicar los ángeles todo lo que estas dos ideas implicaban? ¿Cómo puedes explicarle el arco iris a alguien que ha vivido en un mundo de grises?

Tal vez ni siquiera los ángeles hubieran podido anticipar el milagro de Jesús, la maravilla pura de la luz que estaba a punto de posarse en la tierra como una sonrisa celestial después de milenios de oscuridad. Nosotros somos más afortunados, pues tenemos sus palabras. Tenemos el testimonio de su vida. Y lo que es mejor: tenemos la experiencia de saber lo que puede ser la vida en su total plenitud, tan maravillosa como Jesús prometió que sería.

Preguntas para reflexionar

- ¿Alguna vez has salido en un viaje misionero? ¿Cuál era tu motivación?

- Según lo que leíste en este capítulo, ¿cuál fue la primera motivación de Jesús para venir a este mundo?

Para estudio adicional: Este capítulo menciona seis de las trece veces que Jesús dijo "He venido ..." Lee los siguientes pasajes para encontrar otros motivos que dio de su venida: Mateo 5:17; Mateo 20:28 y Juan 17:8.

¿POR QUÉ JESÚS TIENE QUE VENIR NUEVAMENTE?

*L*a discusión se mantuvo durante muchas generaciones. El tema: *la redención*. Se trataba del Prometido que finalmente vendría a corregir todo lo que estaba mal. Los oradores eran los profetas, esos visionarios que habitaban entre el pueblo de Dios.

A veces, sus declaraciones tomaban forma de poesía, expresando emociones profundas de esperanza y anhelo. Insistían: "¡Ven, oh Rey! ¡Ven sin demora!" Otras, proferían severas descripciones del juicio que les aguardaba a los enemigos de Dios. Y había ocasiones en que brindaban detalles específicos, extraordinariamente precisos sobre Aquel que vendría.

Los profetas son personas que pueden ver más allá de lo que nosotros vemos. Imagina, si te parece, que los profetas veían como si miraran, a lo lejos, la alta cima de una montaña. Después de todo, la llegada del Mesías representaría el punto más elevado en la historia de la humanidad. Los profetas podían ver a través de la bruma del tiempo. Estaban dando detalles de lo que podían divisar.

Pero luego, a medida que iban acercándose a ese momento y a la "montaña", los profetas se dieron cuenta de que habían estado describiendo una cumbre, cuando en realidad eran dos, con un gran valle en medio de ellas. En otras palabras, el Mesías vendría no una, sino dos veces, y nuestra era es, en la historia, el valle que yace entre sus dos venidas.

Isaías, Jeremías, Miqueas y los otros profetas sabían que habría un Mesías, y hasta reunieron algunos detalles. Pero no se dieron cuenta de que Él vendría dos veces. Los escritores que vinieron después de Jesús (Pablo y Pedro, por ejemplo) tuvieron una perspectiva más ventajosa. Fueron capaces de entender la Primera Venida de Jesús, porque había ocurrido durante su tiempo. Y, mientras Jesús estaba entre nosotros, anunció que vendría otra vez y que en ese momento cumpliría el resto de las profecías: aquellas sobre un vencedor triunfante, que viene a iniciar un reino perfecto.

La primera aparición de Jesús fue una misión de humildad y sacrificio. Vino a ocuparse del problema de nuestro pecado de una vez y para siempre. La segunda aparición será una misión de triunfo y transformación. ¿Y cómo será? Escucha la descripción de Isaías:

> *La soberanía reposará sobre sus hombros, y se le darán estos nombres: Consejero admirable, Dios fuerte, Padre eterno, Príncipe de paz. Se extenderán su soberanía y su paz, y no tendrán fin. Gobernará sobre el trono de David y sobre su reino, para establecerlo y sostenerlo con justicia y rectitud desde ahora y para siempre. Esto lo llevará a cabo el celo del Señor Todopoderoso. (Isaías 9:6-7)*

¿Acaso no anhelamos todos un mundo así?

Sin embargo, debemos preguntarnos: si Jesús venció a la muerte en su primera visita, ¿por qué tiene que venir nuevamente?

La razón más importante es que vendrá otra vez para arrebatar a su pueblo, para llevarnos a casa con Él para siempre. Cuando Jesús explicaba su intención, a menudo usaba la metáfora del novio que viene a buscar a su novia. La iglesia, dijo Él, es la "novia de Cristo". La novia espera con ansias que su flamante esposo venga y la reclame, como un caballero en un estupendo corcel, llevándola a casa para ser "felices para siempre". Ese hogar, desde luego, es el cielo; y la boda es la intimidad suprema con Cristo, que su pueblo compartirá, para nunca volver a separarse de Él.

Él llegará a nosotros desde el cielo, como cuando ascendió en su partida. Según 1 Tesalonicenses 4:16-17, atravesará las nubes con voz de mando y con voz de arcángel. Una trompeta sonará, y aquellos hijos suyos que hayan muerto, se levantarán para encontrarse con Él. Luego sus seguidores vivos se unirán a ellos, y todos vivirán con Cristo para siempre.

Segundo, Él tiene que venir nuevamente para juzgar al mundo. Jesús habló varias veces del juicio final, cuando Él vendría a juzgar a los vivos y a los muertos y a separar a sus hijos fieles de aquellos que se negaron a seguirlo. Las personas que a lo largo de la historia hayan puesto su fe en Dios serán declaradas inocentes, y todos los pecados les serán perdonados, porque aceptaron el sacrificio de Cristo. Las demás pagarán el terrible costo de su rebelión.

Tercero, Jesucristo regresará para establecer "un cielo nuevo y una tierra nueva" (Apocalipsis 21:1). Lo viejo habrá pasado, mientras Jesús corre el telón de la historia. Este mundo imperfecto, plagado de calamidades naturales y del pecado de la humanidad, dejará de existir. El Señor quitará el velo del nuevo mundo que ha preparado para nosotros.

NOSOTROS NO PODEMOS IMAGINAR UNA VIDA COMO ESA; NO HABRÁ MÁS PECADO, NI DOLOR, NI LÁGRIMAS.

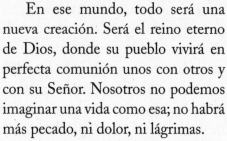

En ese mundo, todo será una nueva creación. Será el reino eterno de Dios, donde su pueblo vivirá en perfecta comunión unos con otros y con su Señor. Nosotros no podemos imaginar una vida como esa; no habrá más pecado, ni dolor, ni lágrimas.

Esta nueva Jerusalén, como la llama el libro del Apocalipsis, será un mundo de felicidad perpetua. En resumen, la vida para la que fuimos creados, para disfrutar con Dios para siempre. Como Pablo lo explicó con acierto: "Ahora conozco de manera imperfecta, pero entonces conoceré tal y como soy conocido" (1 Corintios 13:12). En realidad, la Biblia enseña que todavía tendremos un cuerpo, pero perfeccionado, un "cuerpo resucitado". Si pudiéramos captar algo de lo que significa la realidad del cielo, no tendríamos miedo a la muerte.

¿Pero qué podemos hacer aquí y ahora? Podemos estar preparados, porque la Biblia nos advierte que Jesús regresará inesperadamente, en un abrir y cerrar de ojos, "como un ladrón en la noche" (1 Tesalonicenses 5:2). La mejor manera de estar preparados es estar entregados a una vida de amor y servicio a Jesús. ¿No sería maravilloso ser "atrapados en acción" de obediencia a su regreso?

Jesús sonreiría, nos haría señas y diría: "Bien hecho, siervos buenos y fieles. Entren ahora a la recompensa que he preparado para ustedes."

Preguntas para reflexionar

- De acuerdo con este capítulo, ¿cuáles serán las imágenes y sonidos de la Segunda Venida de Cristo?

- ¿Cuál de las razones para que Jesús venga nuevamente te da más esperanza? ¿Cuál te causa mayor malestar? ¿Por qué?

Para estudio adicional: Lee Tito 2:11-15 buscando menciones de ambas venidas de Jesús. Enumera tres cosas que debemos hacer mientras aguardamos la Segunda Venida de Jesús.

¿POR QUÉ NECESITO CREER EN JESÚS?

*E*ntonces, aquí está: *la Navidad.* ¿Quién podría negar que es una historia maravillosa?

Si nos has acompañado hasta aquí, probablemente hayas aprendido una cantidad de hechos acerca de este acontecimiento. Entiendes un poco más sobre esos sabios que vinieron del Oriente y por qué hicieron su viaje. Tienes una buena idea de qué clase de hombre fue José y por qué María fue la acertada elección de Dios para ser la madre de Jesús. Has aprendido por qué Herodes se enfureció, por qué los pastores obedecieron y por qué los ángeles adoraron.

¡Hay tantos hechos que amamos respecto a la Navidad! Más allá de la información de la Biblia, no hay mucho más que agregar. La verdadera pregunta es: ¿Ahora qué?

Si acabaras de leer la biografía de Augusto César, la respuesta sería simple. Habría llegado el momento de ir a la biblioteca y elegir otro libro. El emperador romano ha estado muerto por un buen tiempo y tiene escasa relevancia en nuestro diario vivir. Los actos de su vida son intrigantes, pero no hay nada que podamos *hacer* con ellos.

La historia de la Navidad es un asunto diferente. El lejano nacimiento de un niño campesino, aparentemente insignificante en su época, llega a través de los años y capta nuestra atención. Sugiere relevancia no sólo para aquellos que fueron partícipes de los hechos, sino para nosotros, aún dos mil años después. Casi podemos sentir la mirada de ese niño en el establo, contemplándonos a los ojos y esperando una respuesta. ¿Pero qué clase de respuesta? ¿Y por qué el nacimiento de Jesús debería reclamar más atención de nuestra parte que cualquier otro hecho?

La historia de Jesús es abarcadora. Fundamentalmente, no es una narración de su tiempo, sino de *todos* los tiempos. No se trata solamente de María, José, Herodes y los demás. Nos concierne a nosotros, como si hubiéramos estado al lado de los pastores en aquella noche, arrodillados junto al pesebre, y maravillados por el niño recién nacido.

¿Por qué tú y yo necesitamos creer en Jesús hoy?

Primero, deberíamos creer en Él porque Él cree en nosotros. Jesús fue Dios hecho hombre. Nos amó siempre con una pasión abrumadora que se expresó con toda su fuerza cuando vivió entre nosotros, aunque eso significara aceptar la limitación de las flaquezas y las debilidades de la existencia humana. Estuvo dispuesto a hacerse el menos poderoso entre nosotros, aunque tuviera en sus manos el mando sobre todo el universo. Él creyó en nosotros lo suficiente como para dejar momentáneamente sus derechos divinos y para poder aparecer en medio nuestro como un ser humano igual a nosotros en todo sentido.

Sí, Él cree en nosotros, y podemos sentirlo. Miramos alrededor y nos damos cuenta de que este mundo debió haber sido creado por Alguien que nos ama. Pablo lo expresa así:

Porque desde la creación del mundo las cualidades invisibles de Dios, es decir, su eterno poder y su naturaleza divina, se perciben claramente a través de lo que él creó. (Romanos 1:20)

Lo vemos en nuestro derredor, pero también lo sentimos dentro de nosotros. Somos dolorosamente conscientes de nuestras terribles limitaciones: una compulsión desesperada por hacer y decir y hasta pensar las cosas incorrectas. Aún así, sentimos que Dios nos llama, en lo profundo de nuestro interior, en esa parte que llamamos alma. Seguramente hay Alguien mucho más grande que nuestras debilidades, Alguien que nos ama y quiere que conozcamos una vida mejor. Él cree en nosotros . . . Por eso, ¿es tan difícil creer en Él?

Segundo, deberíamos creer en Él porque nos invita a vivir una vida con sentido. A través de sus enseñanzas, Jesús nos mostró la única posibilidad de vivir una vida feliz y plena en este mundo. Él habló de vivir con amor y generosidad, en lugar del vacío del egoísmo. Nos mostró que cuando dedicamos nuestra vida a servirnos los unos a los otros, la existencia es más completa y satisfactoria. Desde la venida de Cristo, billones de personas que han vivido de acuerdo a su modelo, comprobaron que es el camino hacia la alegría y la paz.

Aunque el camino de Jesús es perfectamente racional y

sin duda la mejor propuesta, el mundo no lo reconoce. Somos moldeados por nuestra cultura para vivir de una manera totalmente opuesta a la de Cristo. La sabiduría convencional nos dice que debemos buscar nuestros propios intereses, dar solamente si éso sirve para que recibamos a cambio, y gratificar más a nuestros apetitos que al alma. Ese camino nos lleva a la autodestrucción y a la desesperación, y sin embargo la mayoría de las personas continúan eligiéndolo porque nuestra condición humana nos impulsa a hacerlo. Somos criaturas caídas que, libradas a nuestro propio albedrío, vamos en contra de la verdad de Dios para nosotros.

> LA SABIDURÍA CONVENCIONAL NOS DICE QUE DEBEMOS BUSCAR NUESTROS PROPIOS INTERESES, DAR SOLAMENTE SI ÉSO SIRVE PARA QUE RECIBAMOS A CAMBIO, Y GRATIFICAR MÁS A NUESTROS APETITOS QUE AL ALMA.

Aun así, cada elemento de la historia de Cristo, desde su nacimiento hasta su ascensión, nos demuestra que la vida no tiene por qué ser vacía, que no necesitamos vivir en perpetuo conflicto con nuestros vecinos, y que las cosas más simples de la vida pueden producirnos satisfacción y alegría.

Tercero, deberíamos creer en Jesús porque Él vive hoy y porque desea vivir dentro de nosotros. Los pastores y los sabios disfrutaron de un privilegio extraordinario al contemplar a Jesús cara a cara. A los discípulos se les dio el regalo aún mayor de escuchar personalmente las enseñanzas de Jesús. Pero tú y yo tenemos algo todavía más maravilloso. Jesús está tan vivo ahora como en el siglo primero, y nosotros podemos tener una relación mucho más cercana con Él que aquellos que lo conocieron cuando caminó por esta tierra.

Cuando llegó el momento de dejar este mundo, Jesús dijo a sus discípulos que para ellos era una ventaja que Él se fuera. Eso significaba que el Espíritu Santo vendría a vivir en todos aquellos que creyeran en Jesús. El Espíritu sería la presencia de Cristo dentro de nosotros. Jesús dijo: "Pero el Consolador, el Espíritu Santo, a quien el Padre enviará en mi nombre, les enseñará todas las cosas y les hará recordar todo lo que les he dicho" (Juan 14:26).

El Espíritu Santo hace una diferencia dinámica en la vida diaria. Él nos guía hacia la verdad, nos muestra con delicadeza nuestras áreas pecaminosas, y nos anima cuando nuestro espíritu está caído. Gradualmente, nos conduce hacia las elecciones correctas en la vida, en los temas más pequeños así como en los más importantes. Si Cristo se ha convertido en nuestro Señor y Salvador, nunca estaremos solos ni abandonados a nuestros recursos limitados. El Espíritu Santo hace su hogar en nosotros de manera permanente.

Finalmente, deberíamos creer en Jesús porque sólo a través de Él podemos lograr perdón para nuestros pecados pasados, presentes y futuros, y de este modo vivir con la esperanza de la vida eterna. ¿Por qué no podemos ser perdonados y admitidos en el cielo de alguna otra manera? La verdad es que Dios es santo, justo y perfecto. No puede haber sombra de imperfección ante su mirada. Somos seres caídos en todo sentido, y aunque tratemos de vivir vidas positivas y útiles, no podemos cambiar el hecho de que el pecado impregna nuestro ser. Porque Dios es justo y debe juzgar al pecado, no tendríamos manera de escapar de su juicio, aunque lo intentáramos realizando buenas obras.

Hubo un solo ser humano que vivió una vida perfecta y sin pecado: *Jesús*. Sometiéndose a la cruz, Él estaba dispuesto a aceptar el castigo que nosotros merecíamos. Es un intercambio. Porque un justo aceptó el castigo que correspondía al pecador, un pecador pudo recibir la recompensa del justo. Jesús hizo ese sacrificio por cada uno de nosotros. Pagó el precio por cada pecado, a fin de que pudiéramos cosechar el beneficio de lo que Él ganó mediante su vida perfecta. Aquellos que confían en Él y lo siguen, saben que el pasado puede ser completamente perdonado; nuestra culpa queda limpia a los ojos de Dios. Nuestros viejos pecados dejan de tener poder sobre nosotros.

CADA FACETA DE LA FE EN JESÚS ES EMOCIONANTE. ÉL NOS BRINDA TODO LO QUE PODRÍA SER BUENO EN LA VIDA, Y NOS LIBRA DE LA ESCLAVITUD DE LA MUERTE Y LA DESESPERACIÓN.

Siendo así, la muerte también ha perdido su poder sobre nosotros. El apóstol Pablo nos ofrece esta esperanza acerca de la tumba que aguarda a cada ser humano: "Porque lo corruptible tiene que revestirse de lo incorruptible, y lo mortal, de inmortalidad" (1 Corintios 15:53). Deberíamos creer en Jesús porque Él es nuestra única esperanza de perdón en este mundo y de feliz existencia en el venidero.

Cada faceta de la fe en Jesús es emocionante. Él nos brinda todo lo que podría ser bueno en la vida, y nos libra de la esclavitud de la muerte y la desesperación. Por lo tanto, la pregunta final se convierte en una personal: ¿Crees *tú* en Jesús? Y si no crees, ¿estás dispuesto a dar un paso hacia adelante y hacer ese compromiso ahora? El regalo es gratuito, y lo único que te demanda es que confieses con sinceridad y lo aceptes delante de Dios.

¿Cómo harías esta declaración? Sólo tendrás que hablar desde tu corazón con Él. Podrías ofrecer con tus propias palabras una plegaria que dijera algo así:

> *Jesús, creo en ti. Sé que me has amado desde el principio y ahora yo elijo amarte a ti. Me doy cuenta de que cuando tú moriste, tenías presente mis pecados. No puedo vivir una vida de felicidad y de paz lejos de ti. Por eso acepto el regalo de tu perdón, ¡y me regocijo de que mi deuda de pecado haya sido saldada! Ven a mi vida y guíame por el resto de mis días. Ahora te pertenezco por completo y te seguiré como mi Señor y Salvador para siempre. Amén.*

¿Has hecho esa oración o una parecida? Si lo hiciste, en el momento que le pediste a Cristo que viniera a tu vida, sucedió. Es una realidad. El Espíritu Santo ha venido a vivir dentro de ti y, gradualmente, aprenderás a escuchar su voz. Quizás no sientas ninguna emoción abrumadora en este momento, pero el hecho sólido de tu conversión en un hijo de Cristo no depende de ninguna emoción.

Como un nuevo creyente, también querrás permitir

que alguien más sepa de tu compromiso. Busca una buena iglesia donde encuentres amigos que te apoyen y te alienten. Tienes por delante la aventura más grande de la vida, y cada día serás más rico y más feliz, a medida que te entregues al señorío de Cristo.

Preguntas para reflexionar

- ¿Alguna vez has hecho una oración como la del final de este capítulo? ¿Cuándo? ¿Qué detalles puedes recordar de ella?

- ¿Conoces a alguien que necesite saber esta verdad? ¿Qué harás para comunicársela?

Para estudio adicional: Lee los siguientes pasajes y enumera otras razones por las que necesitamos creer en Jesús: Juan 10:9; Juan 14:6; Hechos 4:12 y 1 Timoteo 2:5.

JESÚS el nacimiento
Una Dramatización
Angela Hunt

Descubre la historia del nacimiento de Jesús
desde un nuevo punto de vista

Recreación en novela de la película de
New Line Cinema
por la exitosa autora
Angela Hunt

También disponible en inglés
The Nativity Story: A Novelization

Cómprelo en su librería favorita